Otto Harnack

Das karolingische und das byzantinische Reich in ihren wechselseitigen politischen Beziehungen

Otto Harnack

Das karolingische und das byzantinische Reich in ihren wechselseitigen politischen Beziehungen

ISBN/EAN: 9783743652873

Hergestellt in Europa, USA, Kanada, Australien, Japan

Cover: Foto ©Suzi / pixelio.de

Weitere Bücher finden Sie auf **www.hansebooks.com**

Das

karolingische und das byzantinische Reich

in

ihren wechselseitigen politischen Beziehungen.

Nebst einem Excurs über den officiellen oder privaten Ursprung
der grossen karolingischen Annalen.

Von

Dr. Otto Harnack.

Göttingen.
Robert Peppmüller.
1880.

Vorbemerkung.

Das Thema der vorliegenden Abhandlung hat in neuerer Zeit mehrfache partielle Bearbeitungen erfaren; eine Gesammtdarstellung wird noch vermisst. Zu letzterer schien um so mehr der Anlass geboten, als durch jene, teilweise von sehr verschiedenen Gesichtspunkten ausgehenden Einzelbearbeitungen eine Reihe von Controversen geschaffen worden war, zu deren Lösung man zum Teil noch nicht einmal den Versuch gemacht hatte.

Da ein Herbeiziehen neuen Quellenmateriales und demgemäss das Auffinden bisher noch unbekannter Tatsachen nur in einzelnen, nicht sehr zalreichen Fällen als möglich erschien, so musste das Hauptgewicht der Untersuchung auf die Prüfung der bisherigen verschiedenartigen Verwertungen des schon bekannten Materiales und der aus diesem gezogenen Consequenzen gelegt werden.

Wenn es der vorliegenden Abhandlung gelungen sein sollte, der eben bezeichneten Aufgabe einigermassen gerecht zu werden, so verdankt sie dies zum grossen Teile der freundlichen Anregung und Förderung, welche mir bei Ausarbeitung derselben von Seiten der Herren Professoren R. Hausmann in Dorpat und J. Weizsäcker in Göttingen zu Teil ward, — welchen beiden Herren ich mich daher zu aufrichtigstem Danke verpflichtet füle.

Uebersicht der Quellen und Literatur.

Die Quellen, aus denen wir Nachrichten über die Beziehungen des karolingischen Reiches zum byzantinischen
schöpfen können, sind zum grössten Teil annalistische;
diese zerfallen naturgemäss in drei Classen:

1) die fränkischen Reichsannalen mit den ihnen verwandten kleineren Annalen;

2) die „Chronographieen" der byzantinischen Geschicht-
schreiber;

3) die localen Annalen aus denjenigen Grenzgebieten,
welche hauptsächlich Schauplatz der Berürungen beider
Reiche gewesen sind.

Unter den gleichzeitigen fränkischen Geschichtswerken liefern uns die relativ reichsten Nachrichten die
officiellen Reichsannalen [1]), deren ältere Redaction als Annales Laurissenses majores, deren jüngere als Annales Einhardi von Pertz bezeichnet worden ist. Bis zum Jare 797
sind die Angaben allerdings nur sehr sporadisch, von diesem Jare an jedoch werden dieselben ausfürlicher und fast
alljärlich aufgezeichnet, wenn auch leider oft mit entschieden absichtlicher Zurückhaltung das wirklich Wichtige verschwiegen und nur das nebensächlich Aeussere breit aus-
gemalt wird. Mit dem Aufhören der Annales Einhardi wird
zunächst die Vita Hludowici (Astronomi) von Wichtigkeit;
von noch grösserer bald die Annales Bertiniani, während
die Annales Fuldenses, da sie im Wesentlichen nur die
Geschichte des ostfränkischen Reiches, nicht auch des lo-
tharingisch-italischen behandeln, fast gar keine Ausbeute
gewären. Von kleineren Annalen liefern nur die Annales
Laureshamenses, Laurissenses minores und Sithienses [2])

---

[1]) Ueber die Berechtigung dieser Bezeichnung und der aus ihr
folgenden Beurteilung und Verwertung jener Annalen habe ich in
dem beigefügten Excurse gehandelt.

[2]) Bezüglich der Ann. Sith. stimme ich der Ansicht Simson's

einzelne selbstständige Angaben. Von nicht annalistischen fränkischen Geschichtswerken kommt nur die Vita
Caroli Einhard's in Betracht, die einige gut zusammenfas-
sende Bemerkungen sowie eine kurze Darlegung der Grenz-
verhältnisse gibt. — Unter den byzantinischen Quellen ist von hervorragender Wichtigkeit die Chronographie des Theophanes,
die bis zum Jare 814 reicht; von ihren Fortsetzungen
hat selbstständigen Wert nur der die Geschichte Basilius des Macedonier's behandelnde Abschnitt, der von dem
Kaiser Constantin Porphyrogenitus verfasst ist. Auch das
Werk des letzteren „De administratione imperii" bietet neben vielem Unzuverlässigem doch mehrere äusserst schätzens-
werte Angaben. In den übrigen zalreichen byzantinischen
Chronographieen findet sich fast gar nichts, was mit unse-
rem Thema auch nur im Zusammenhang stünde; am Meisten kommen noch in Betracht Genesius und Georgius Ha-
martolus [1]).

Locale Annalen endlich und zwar für unseren Zweck
nicht unergiebige, sind hauptsächlich aus Unteritalien
uns erhalten; zu den jetzt im Bande der Scriptt. rer. Langob. vereinigten Chroniken ist noch das Chronicon Salernitanum, nicht wegen seiner schon sagenhaften Berichte,
sondern wegen des darin enthaltenen Briefes Kaiser Ludwigs II. an Basilius I. hinzuzufügen. In Betreff Venedig's
sind wir auf das erst um das Jar 1000 verfasste Chronicon
des Johannes Diaconus angewiesen, welches bei dem völli-
gen Mangel älterer Nachrichten über Venedig trotz seiner
vielfachen Verworrenheit, besonders in chronologischer Beziehung, dennoch von unschätzbarem Werte für uns ist [2]).

(Ueber die Ann. Einh., Fuld. u. Sith.) und Wattenbach's (Geschichtsquellen 4. Aufl. I, 184) bei, wonach dieselben selbstständigen Wert
haben.

[1]) Entstehung und Abhängigkeitsverhältnisse dieser Werke sind
neuerdings untersucht worden von Hirsch (Byzantinische Studien).

[2]) Trotzdem darf man aber durchaus nicht die Angaben dieser
Chronik, wie Gfrörer (Byzantinische Geschichten I) fast durchgängig
getan hat, denen der fränkischen Reichsannalen vorziehen, welche

1*

Die erst im 14. Jarhundert verfasste Chronik des Andrea Dandolo kommt für unsere Periode als Quelle kaum mehr in Betracht [1]).

Das urkundliche Material ist für unser Thema leider nur in ziemlich geringem Umfange auszubeuten; nur wenige Urkunden der Karolingischen Herscher beziehen sich auf die entlegenen Gebiete, um die mit Byzanz gestritten wurde. Von Wichtigkeit sind jedoch die Urkunden der langobardischen Herscher, welche für die Fürstentümer Benevent und Salerno jetzt gesammelt im ersten Bande des Codex Cavensis vorliegen. Ferner kommen in Betracht die Acten des Concils von Nicaea (787), der Synoden von Frankfurt (794), von Paris (825), von Mantua (826), des Concils von Constantinopel (869). Von hervorragender Wichtigkeit endlich sind die uns erhaltenen ziemlich zalreichen Briefe. Zwar aus der Correspondenz der beiden Kaiserhöfe sind uns nur vier Schreiben erhalten (von Karl dem Grossen an Nicephorus I. und Michael I.; von Michael II. an Ludwig den Frommen; von Ludwig II. an Basilius I.); dagegen kommt in Betracht ein grosser Teil der im Codex Carolinus erhaltenen päpstlichen Briefe, von denen insbesondere die Schreiben Hadrian's I. für die Zeit von 774—790 geradezu unsere Hauptquelle bilden.

Was die neuere Literatur über unser Thema betrifft, so findet sich für die Jare 768—788 und 814—840 das

---

den Ereignissen gleichzeitig geschrieben sind. Denn wenn auch diese Annalen parteiisch gefärbt sind, so ist dies, wie Gfrörer selbst zugibt (p. 108), in der venetianischen Chronik ganz ebenso der Fall.

[1]) Die von Gfrörer aufgestellte und auch von Simson (Jarbücher I, p. 175. Anm. 4) acceptirte Hypothese einer gemeinsamen Quelle des Joh. Diac. und Andr. Dand. hat Simonsfeld (Andrea Dandolo p. 72—79) zurückgewiesen und gezeigt, dass vielmehr die Chronik des Joh. Diac. „für die ganze ältere, besonders äussere politische Geschichte Venedig's seit Begründung des Inselstaates am Ausgang des 7. bis zum Beginn des 11. Jarh. von Audr. Daud. ausgeschrieben ist".

Material nahezu vollständig gesammelt in den von Abel und
von Simson herausgegebenen Jarbüchern; die ferneren Ereignisse seit 840 sind in Dümmler's „Geschichte des ostfränkischen Reiches" zwar zum Teil ausfürlich, im Ganzen
aber, weil der eigentlichen Aufgabe seines Werkes fern lie-
gend, doch nur nebensächlich behandelt worden.

Spezielle Bearbeitungen chronologisch abgegrenzter
Teile unseres Thema's haben geliefert: Venediger, Versuch
einer Darlegung der Beziehungen Karls des Grossen zum
byzantinischen Reiche. Teil I. (768—788), Halle 1872; und
Strauss, Beziehungen Karl's des Grossen zum griechischen
Reich bis zum Sturz der Kaiserin Irene (802), Breslau
1877. Die beiden genannten Untersuchungen haben vorzugsweise das Verdienst, die beneventanischen Verhältnisse, die bis zum Jare 788 eine so wichtige Rolle in
den Beziehungen der beiden Reiche spielen, auf's Einge-
hendste betrachtet und dargestellt zu haben, so dass hier
nur in einzelnen Stellen eine erneute Untersuchung als
wünschenswert erscheint; dagegen sind einige andre hier
auch in Betracht kommende Punkte, besonders in dem nur
von Strauss behandelten Zeitabschnitte 789—802 weniger
genügend und erschöpfend dargestellt worden, so dass eine
Ergänzung hier noch nach verschiedenen Seiten hin gegeben werden kann.

Einzelne in unser Thema einschlägige Fragen haben
ausfürliche Darstellung gefunden; so der Streit um Anerkennung der erneuerten weströmischen Kaiserwürde: durch
Döllinger (Das Kaisertum Karls des Grossen. Münchner
historisches Jarbuch 1865); der Kampf um Dalmatien:
durch Dümmler (Ueber die älteste Geschichte der Slaven
in Dalmatien. Sitzungsberichte der Wiener Akademie 1856).
Ebenfalls die dalmatinischen Verhältnisse, noch mehr jedoch
die venetianischen haben neuerdings in den aus Gfrörer's
Nachlasse (durch Weiss) ·herausgegebenen „Byzantinischen
Geschichten" (Band I und II) eine sehr eingehende Behandlung erfaren, — leider jedoch mit so gewagter, ja
willkürlicher Verwertung des Quellenmateriales, dass die
hier in Betracht kommenden Fragen durch diese Art der

Behandlung fast mehr verwirrt, als in ihrer Lösung geför-
dert sein dürften. — — —

Aus dieser Zusammenstellung geht hervor, dass die
Beachtung, welche unser Thema bisher gefunden, sich
durchaus nicht gleichmässig auf alle Teile desselben erstreckt hat, dass vielmehr einzelne Abschnitte besonders
bevorzugt worden sind. Es erscheint notwendig, auch in
der folgenden Abhandlung hierauf Rücksicht zu nehmen,
insbesondere die schon so vielfach untersuchte Periode von
768—788 kürzer zu erledigen und nur bei einzelnen hier
noch schwebenden Streitfragen länger zu verweilen.

Beziehungen zwischen dem fränkisch-italischen und dem byzantinischen Reich.

I. Bis zur Kaiserkrönung Karls des Grossen.

Beziehungen zwischen dem fränkischen und dem byzantinischen Reiche brauchten bei der räumlichen Entfernung und den völlig verschiedenen Aufgaben beider Staaten für keinen derselben hervorragende Bedeutung zu gewinnen, wenn die Entwickelung beider in normaler Weise ohne Heraustreten aus den ihr natürlich gewiesenen Grenzen sich vollzog. Aber indem beide über diese Grenzen hinaus nach jenem gemeinsamen Zielpunkte strebten, der noch immer als Mittelpunkt der gesammten Culturwelt galt, stiessen sie auf einander, um hinfort, der gegenseitigen Rivalität bewusst, erbitterte, bald offen kämpfende bald heimlich intriguirende Feinde zu werden. Dem byzantinischen Reich war es Sache der Tradition, die Oberherrschaft über Rom und die übrigen ihm in Italien noch verbliebenen Territorien [1]) nicht aufzugeben. Tatsächlich jedoch war die byzantinische Oberhoheit in Rom rein nominell geworden; eben deshalb aber auch in ihr nicht genügende Garantie des Schutzes vor der anstürmenden Macht der Langobarden — der Stadt und dem päpstlichen Stul mehr geboten. Die Hülfleistung, welche aus diesem Grunde der Papst von den

---

[1]) Nach dem Verlust des Exarchates an die Langobarden (752) besass Byzanz noch Sicilien und Calabrien; ferner die Oberhoheit über die langobardischen Fürstentümer Neapel, Gaeta, Amalfi.

Franken zu erhalten suchte, ist dann für diese der Anlass geworden, in das bisherige Wirkungsgebiet der Griechen einzudringen. Den ersten formellen Ausdruck fand die Stellung, welche Pipin von jetzt an in Rom einnahm, in dem ihm vom Papste verliehenen Titel „patricius". Da die Verleihung dieses Titels unstreitig alleiniges Recht des Kaisers war, so war die Annahme desselben durch Pipin zweifellos eine Usurpation; weil aber durch dieselbe des Kaisers formelle Oberhoheit in Rom nicht angetastet ward, so hatte sie keine direkten störenden Folgen für die Beziehungen zwischen dem fränkischen und dem griechischen Herscher. Vielmehr beginnen dieselben erst in dem Augenblick aus dem Stadium blosser diplomatischer Formalitäten sich zu wirklich ernster Bedeutung zu erheben, als durch die Vereinigung des langobardischen mit dem fränkischen Reiche das letztere der unmittelbare Nachbar byzantinischer Provinzen, Istriens, Venetiens und vermittelst des abhängigen Herzogtums Benevent auch der unteritalischen Besitzungen der Griechen geworden ist. Seitdem beginnt eine Reihe bald offenkundiger, bald heimlicher Bestrebungen der Griechen, um einerseits Karl an weiterer Ausdehnung seiner Macht im Nordosten Italiens zu hindern, andererseits das Herzogtum Benevent gänzlich von fränkischem Einflusse frei zu erhalten, ja dasselbe byzantinischer Oberhoheit zu unterwerfen. Demgemäss ist es der Kampf um Istrien und um Benevent, der uns im ersten Teil unserer Untersuchung beschäftigen muss.

Nach der Eroberung des langobardischen Reiches und nach dem Sturze des Königs Desiderius war dessen Sohn Adalgis nach Constantinopel geflohen. Er ward dort zuvorkommend aufgenommen, zur Würde eines Patricius erhoben und in seinen Intriguen gegen die Frankenherrschaft unterstützt. Für Bestrebungen dieser Art gaben den natürlichsten Stützpunkt die langobardischen Herzogtümer Benevent und Spoleto, welche von Karl noch nicht zur Unterwerfung gebracht worden waren. Denn wenn auch in der

Annahme des langobardischen Königstitels den Anspruch
auf Oberhoheit über jene beiden Herzogtümer involvirt war,
so war doch dieser Anspruch bisher weder von den Herzögen anerkannt, noch von Karl energisch geltend gemacht
worden. In diesem unklaren Verhältnisse lagen um so mehr
die Keime künftiger Feindseligkeiten, als Herzog Arichis von
Benevent durch Verschwägerung in den nächsten Beziehungen zu dem mächtigsten deutschen Vasallen Karls, Herzog
Tassilo von Baiern, stand, dessen gleichfalls faktisch auf-
gehobene Abhängigkeit einen auf die Dauer ebenso unhalt-
baren Zustand darstellte. Abel sagt zwar (Jarb. p. 454)
mit Recht, dass die Quellen nichts von Verabredungen
Tassilo's mit Arichis berichten; aber dennoch beweist das
stets gleichzeitige Vorgehen Karls in Regelung der Verhältnisse Baierns und Benevents (sowol 781 als 786—788,
endlich 793—794), dass für seine Betrachtung ein Zusammenhang zwischen beiden bestand, den er als eine wol zu
beachtende Gefar beurteilte und der für sein politisches
Verfaren massgebend war. In wie weit diese Ueberzeugung in den realen Verhältnissen begründet war, wird in
den einzelnen Fällen untersucht werden müssen.

Die Verhandlungen der Griechen mit den langobardischen Herzögen beginnen bereits im Jare 775. Dem weit
aussehenden und ausgebreiteten Bündnisse [1]), welches Hildebrand von Spoleto und Arichis von Benevent mit Karls
unzweifelhaften Untergebenen, den Herzögen von Clusium
und Friaul geschlossen hatten, traten die Byzantiner bei.
Welche Beweggründe sie hiezu veranlassen mussten, habe
ich oben gezeigt; am zwingendsten war für sie jedenfalls
die Lage Istriens. Denn diese Provinz war den Einflüssen
der Frankenherschaft nicht nur durch ihre Lage, sondern
auch durch ihre kirchliche Zugehörigkeit blosgestellt, und
zwar in letzterer Beziehung nicht so sehr durch ihre Ab-

---

[1]) Cod. Carol. ed. Jaffé 58. p. 192; s. über diese Verschwörung
Abel, Jarbücher p. 187—189; 191—198; Strauss p. 7—10; Venediger
p. 10—16.

hängigkeit von Rom [1]), als dadurch, dass sie zu jener Zeit höchst wahrscheinlich der Erzdiöcese Aquileja unterstellt war [2]), deren Patriarch ja jetzt auf fränkischem Reichsgebiete seinen Sitz hatte und völlig von Karl abhängig war. Die Beziehungen des Königs reichten übrigens noch weiter; der Patriarch von Gradus, Johannes, der unbestritten ein Untertan des griechischen Kaisers war, setzte den Papst und damit auch Karl von den wider sie geplanten, von . Byzanz unterstützten Unternehmungen in Kenntniss!! [3]) Diese Unternehmungen gelangten übrigens bei weitem nicht im geplanten Umfange zur Ausfürung; der im September 775 erfolgte Tod des Kaisers Constantin IV. [4]), der übrigens erst am 7. Februar 776 mit Sicherheit in Rom bekannt wurde, war aller Wahrscheinlichkeit nach der Grund, weshalb die beabsichtigte Landung des Adalgis mit einer griechischen Expedition in Italien unterblieb. Unter diesen

---

[1]) Cod. Carol. ed. Jaffé ep. 65: pensiones beati Petri, qui in superius nominato territorio (Histriensi) rejacebant.

[2]) Die istrischen Bistümer haben in dieser Periode zwischen der Abhängigkeit von Aquileja und von Gradus geschwankt. Sicher ist Folgendes: dass die Bistümer ursprünglich laut eines Vertrages zu Gradus gehört und um das Jar 770 widerrechtlich sich Aquileja unterstellt haben. S. die päpstlichen Schreiben bei Jaffé, Regesta N. 1831: Omnibus Istriae episcopis, quod „secularibus convolantes auxiliis a Gradensis archiepiscopatus sede recedere" inter seque consecrare ausi sint — — — und N. 1832: Quoniam in vestro pacto generali, quod inter Romanos, Francos et Langobardos dignoscitur provenisse et ipsa vestra Istriarum provincia, ut constat, est confirmata atque annexa simul cum Venetiarum provincia. — Im Jare 794 erscheint der Patriarch von Aquileja noch als Haupt der istrischen Bischöfe; erst 803 werden sie wieder Gradus unterstellt. Für die Annahme Gfrörer's, die Bistümer hätten bereits vor 794 vorübergehend wieder zu Gradus gehört, haben wir keinen Beweis; vielmehr lag es ja in Karls Interesse, sie bei Aquileja zu belassen. S. Gfrörer Byzant. Gesch. I, p. 71. 72. 93. 94.

[3]) Cod. Carol. ed. Jaffé 55. p. 182, s. Abel, Jarbücher p. 188: Der Patriarch glaubte vermutlich durch diese Dienstleistungen die Rückgabe der istrischen Bistümer erreichen zu können.

[4]) Cod. Carol. ed. Jaffé 60. p. 196. Ueber die Chronologie s. Abel p. 194, besonders Anm. 6.

Umständen zerfiel auch das Bündniss der Herzöge; Reginald von Clusium unterwarf sich Karl; Arichis und Hildebrand traten in Verhandlungen mit den fränkischen Gesandten Possessor und Rabigaud, die mit ihrem Rücktritt von jenem Bündnisse und der Unterwerfung Hildebrands unter fränkische Lehenshoheit endeten [1]); somit war Hrodgaud, Herzog von Friaul, isolirt und sein Aufstand ward daher von Karl, wenn auch erst nach hartem Kampfe, doch noch im Laufe des Jares 776 unterdrückt [2]). Wie gestaltete sich aber das Verhältniss zu Benevent? Abel ist der Ansicht [3]), dass Arichis die Oberhoheit Karls nicht anerkannt habe; Strauss meint, dass es wenigstens formell geschehen sei [4]). Zuvörderst ist hier zu betonen, dass weder die fränkischen Annalen noch die Geschichte der Langobarden von Erchempert uns eine Unterwerfung Benevent's vor dem Jare 787 berichten, obgleich doch besonders die ersteren einen so wichtigen und ehrenvollen Erfolg der königlichen Politik aufzuzeichnen gewiss nicht unterlassen hätten. Es ist daher Strauss zur Aufstellung seiner Ansicht nur durch zwei Stellen in den Briefen Hadrians bewogen worden, welche allerdings den Wunsch aussprechen, Karl möge Arichis befehlen, von Angriffen auf das päpstliche Territorium abzustehen [5]). Allein diese Stellen lassen sich nicht nur, wie schon von Abel geschehen [6]), als Ausdruck der Ansicht des Papstes über den Rechtsanspruch des Königs auf Benevent erklären, sondern noch

---

[1]) Die Nachrichten über diese Verhandlungen finden sich Cod. Carol. epp. 57—59.

[2]) Annal. Lauriss. maj. und Einh. A. 776.

[3]) Jarbücher p. 298. „Das ganze Herzogtum Benevent erkannte (noch 780) irgend eine Abhängigkeit von Karl noch gar nicht an“. Auch Venediger p. 20 ist, wie es scheint, dieser Ansicht.

[4]) Strauss a. a. O. p. 9.

[5]) Cod. Carol. ed. Jaffé ep. 62. p. 203: Petimus te, — — ut — — Beneventanos jubeatis, ut a tali iniqua operatione resipiscere debeant, und ep. 66. p. 208: jubeatis, ut — — — cum ipsos nefandissimos Beneventanos in servitio vestro pariterque nostro — — eveniant.

[6]) Forschungen zur deutschen Gesch. Bd. I, p. 498. Anm. 3.

vielmehr durch das deutliche Bestreben Hadrians, den
König durch fortwärenden Hinweis auf diesen Rechtsanspruch zu derjenigen Geltendmachung desselben anzutrei-
ben, welche dem Papste äusserst erwünscht war, weil Arichis selbstständige feindselige Politik die Besitzungen des
päpstlichen Stules fortwärend bedrohte und oft tatsächlich
schädigte. Sicherlich ist demnach das Verhältniss zu Arichis bis auf Weiteres ebenso schwankend und unklar geblieben, wie bisher; an der definitiven Regelung desselben
scheint Karl auch sehr wenig gelegen zu haben, da er um
diese Zeit noch in Deutschland mit ganz anderen wichtigen Aufgaben beschäftigt war; selbst noch zehn Jare später erfolgt das energische Vorgehen gegen Benevent nur
auf das eifrige Andringen des Papstes hin.

Ebenso unentschieden blieb auch die Stellung zum
griechischen Reiche; ein Friedensschluss fand nicht statt;
der officielle Austausch der Gesandtschaften, wie er unter
Pipin üblich gewesen [1]), ward noch nicht erneut. Unter
diesen Umständen musste es bei den verworrenen Gränz-
verhältnissen bald wieder zu Streitigkeiten kommen, die zunächst in Istrien ausbrachen. Dort hatte Karl einem Bischofe Mauricius den Auftrag erteilt, Einkünfte des römischen Stules, die rückständig geblieben waren, zu erheben;
ob der König unter diesem Vorwande in der Tat politische
Intriguen anspinnen wollte, können wir nicht mehr entscheiden; jedenfalls vermuteten es die Griechen, bemächtigten sich des Bischofs und blendeten ihn. Mit Entrü-
stung meldet Hadrian dies dem Könige und beschwört ihn,
den Bischof mit Waffengewalt wieder in seine Diöcese ein-
setzen zu lassen [2]).

---

[1]) Zuletzt in den Jaren 762, 765—767, s. Oelsner, Jarbücher p.
396 ff. und 403 ff.
[2]) Cod. Carol. ed. Jaffé ep. 65. p. 207. Der Sitz des Bischofs
Mauricius ist ungewiss. Jedenfalls war die an ihn gerichtete Wei-
sung Karls, so berechtigt sie auch dem römischen Stul und dessen
„defensor", dem Frankenkönige, erscheinen mochte, ein politisch-
unberechtigter Eingriff in die inneren Verhältnisse einer griechischen
Provinz, der die Griechen wol zu Repressalien reizen musste. — —

Ungefähr um dieselbe Zeit hören wir, dass die Griechen in Unteritalien im Verein mit Arichis neue Unternehmungen gegen Karl und besonders gegen das römische Gebiet planen. Kaiser Leo IV. nahm die Pläne seines Vorgängers vollständig wieder auf; doch ging die Ausfürung derselben nur sehr langsam vor sich. Es handelte sich darum, die dem päpstlichen Stule untergebenen Städte Campaniens abwendig zu machen und dem Patricius von Sicilien unterzuordnen [1]). Gaëta, der zeitweilige Sitz des letzteren, ward daher wie auch Benevent der Ausgangspunkt heimlicher Intriguen und Machinationen, gegen welche Hadrian jedoch nicht nur durch Entsendung ergebener Bischöfe in die campanischen Städte [2]) und durch Hilfegesuche, die er an Karl richtete, sich zu verteidigen unternahm, sondern auch durch energisches Handeln, indem er 779 in glücklichem Feldzuge Terracina eroberte [3]). Den vereinten Griechen und Beneventanern konnte er aber doch auf die Dauer nicht Widerstand leisten; Karl erschien nicht in Italien; nach vergeblichen Unterhandlungen ward endlich Terracina 780 von den Neapolitanern zurückerobert [4]). Jetzt erwartete der Papst das Schlimmste; drin-

Der Brief Hadrians betreffs dieser Angelegenheit ist ein Seitenstück zu den beiden oben citirten Briefen bezüglich Benevents (N. 62 u. 66): Der Papst spricht auch hier unter der Fiction, als habe Karl in Istrien einfach zu befehlen! Das Jar des Briefes ist nicht genau zu bestimmen. — Die völlig unhaltbare Ansicht Gfrörers, Istrien sei zu dieser Zeit (seit 776) schon fränkisch gewesen (Byzant. Gesch. I, 90—92) hat Strauss p. 11 zurückgewiesen.

[1]) Cod. Carol. Jaffé ep. 62 p. 202: Beneventani ipsum nostrum populum suadent . atque subtrahere a nostra dicione decertant una cum habitatores castri Cajetani seu Terracinensium, obligantes se validis sacramentis cum ipso patritii Siciliae, qui in praedicto castro Cajetano residet. Et decertant a potestate — — nostra eosdem Campanios usurpare et patricio Siciliae subjugare.

[2]) Ibid.: Nos vero admonendum et praedicandum per nostris episcopis eis direximus.

[3]) Ibid. ep. 66. p, 208: Terracinensem civitatem, quam antea subjugavimus; s. Strauss p. 14; Abel Jarbücher p. 209. Anm. 3 hat dies, wie es scheint, übersehen.

[4]) Cod. Carol. ibidem.

14

gend ersuchte er Karl nach Italien zu kommen; denn täglich erwarte Arichis die Ankunft der Byzantiner unter Adalgis, um alsdann auf Rom selbst zu rücken [1]). Doch die Ankunft des Adalgis verzögerte sich mit der gleichen schleppenden Langsamkeit wie schon 775, bis wiederum eine völlige Aenderung der Lage durch den Tod Kaiser Leo IV. eintrat (8. Sept. 780) [2]). Noch bevor die Nachricht hiervon in Deutschland eingetroffen sein kann, muss der König bereits zur Unterstützung des Papstes nach Italien aufgebrochen sein; denn zu Weihnachten finden wir ihn bereits in Pavia [3]), wo er mehrere Monate verweilte und darauf zum Osterfeste 781 sich nach Rom begab. Dort fanden die zwischen dem fränkischen und griechischen Reiche obwaltenden Zwistigkeiten eine unerwartete Lösung durch das Erscheinen einer an Karl gerichteten Gesandtschaft [4]) der für ihren unmündigen Sohn Constantin V. in Byzanz regierenden Kaiserin Irene. Die Motive der Kaiserin zu diesem Schritte sind von jeher [5]) mit Recht in

---

[1]) Cod. Carol. p. 209: (Arichis) cotidie ad istam perditionem filium nefandissimi Desiderii, dudum nec dicendi regis Langobardorum expectat, ut una cum ipsum pro vobis nos expugnent.

[2]) Theophanos Chronogr. editio Bonn. p. 702.

[3]) Ann. Einh. 781.

[4]) Theophanis A. 6274. (Aera Antiochena) p. 705: Τούτῳ τῷ ἔτει ἀπέστειλεν Εἰρήνη Κωνσταντῖνον σακελλάριον καὶ Μάμαλον πριμικήριον πρὸς Κάρουλον ῥῆγα τῶν Φράγγων. Vgl. Ann. Laurshm. 781. Roma disponsata est Hruotrut, filia regis, Constantino imperatori. Die grossen Reichsannalen erwänen diese Verlobung zwar erst im - Jare 786; aber der frühere Vollzug derselben ist durch die Uebereinstimmung des Theoph. mit den Ann. Laurshm. genügend bezeugt.

[5]) Abel, Jarbücher p. 317; Strauss p. 17. Am präcisesten hat Venediger a. a. O. p. 25 diese Gründe auseinandergesetzt, wenn er anfürt, dass die kirchliche Stellung der Kaiserin zunächst Verbindung mit dem Papste notwendig machte und erst mittelbar, wegen der engen Beziehungen zwischen Hadrian und Karl, dann auch Annäherung an den letzteren erforderte. Denn ob die fränkische Freundschaft direkt als Stütze der bilderfreundlichen Politik Irenes erstrebt worden ist, muss zweifelhaft erscheinen, da die Stellung der fränkischen Kirche zur Bilderfrage (Synode von Gentilly 767) nicht sicher zu ermitteln ist, wie ich weiter unten nachweisen werde.

ihrer Stellung zu den kirchlichen Verhältnissen, besonders
zu dem Bilderstreite gesehen worden, welch letzterer von
diesem Augenblicke an ein wichtiger politischer Factor
in den byzantinisch-fränkischen Beziehungen zu werden
beginnt; denn hatten bisher die griechischen Kaiser mit
grosser Energie auf Seiten der Bilderfeinde gestanden,
und demgemäss sich in entschiedenster Opposition zu den
Inhabern des Stules Petri befunden, welche die Bilderverehrung als durch die Orthodoxie geboten betrachteten [1]),
so bestieg mit Irene eine entschieden bilderfreundlich
gesinnte Kaiserin den Thron, welche naturgemäss gezwungen war, gegen die feindliche Partei im eigenen Staate
Stütze bei dem Papste und den Franken zu suchen. Demgemäss suchte sie die einzuleitende Verbindung mit Karl
von vorn herein möglichst fest und dauernd zu gestalten
und brachte zu diesem Zwecke die Verlobung ihres Sohnes
mit Karls gleichfalls unmündiger Tochter Hruotrut in Vorschlag [2]). Karl ging auf den Plan ein, die Verlobung ward
vollzogen und von Byzanz aus bereits dafür Sorge getragen,
die künftige Kaiserin in der griechischen Sprache zu unterrichten.

Was die eigentlich politischen Abmachungen zwischen
den beiden Vertragsmächten betrifft, so schweigen die
Quellen auf beiden Seiten leider vollständig über dieselben.
Aus der Geschichte der nächsten Jare lässt sich jedoch
schliessen, dass eine Veränderung des früheren Zustandes

---

[1]) Hiefür ist besonders wichtig die Reihe der in Anlass der
Synode von Gentilly anno 767 von Paul I. an Pipin gerichteten
Briefe; siehe Jaffé, Cod. Carol. N. 36. 37. 43. (Bibl. IV, p. 124. 129.
145).

[2]) Theoph. a. a. O.: — — ὅπως τὴν αὐτοῦ θυγατέρα, Ἐρυθρὰ
λεγομένην, νυμφεύσηται τῷ βασιλεῖ Κωνσταντίνῳ, τῷ υἱῷ αὐτῆς· Καὶ
γενομένης συμφωνίας — — Κατέλιπεν Ἐλισσαῖον — πρὸς τὸ διδάξαι
αὐτὴν τὰ τῶν Γραικῶν γράμματα etc. Venediger p. 26 fürt ferner
aus dem Gedicht des Petrus Pisanus an Paulus Diac. an, dass letzterer fränkische Geistliche im Griechischen unterrichtet habe, damit
sie der Prinzessin später als Begleitung nach Byzanz dienen könnten
(s. Dümmler in Haupt's Zeitschrift XII, 446).

durchaus nicht erfolgt ist, dass vielmehr beide Parteien
sich verpflichtet haben, jeder Einwirkung auf die bisher
streitigen Territorien, jeder Aufreizung und Intrigue völlig
zu entsagen, so dass in Benevent [1]) wie in Istrien im Laufe
der nächsten Jare eine bisher ungewonte, vollständige Ruhe
herscht, ja sogar den Namen beider Länder wir kaum genannt finden. Auf den ersten Blick kann es auffallen, dass
der Papst sich Abmachungen nicht widersetzte, welche
seinen ursprünglichen Absichten so wenig entsprachen und
den ihm tief verhassten Arichis völlig unangetastet liessen;
aber dieser Eindruck verschwindet, wenn wir berücksichtigen, dass jene Verpflichtung der Nichteinmischung für Karl
selbstverständlich nur so lange bindend sein konnte, als
Arichis nicht angreifend vorging, und dass ferner der Papst
durch den Vertrag, der ihn auf seine Rache zu verzichten
zwang, zugleich die Aussicht auf eine noch unermessliche
Ausdehnung seiner kirchlichen Macht erhielt, indem die
Kaiserin des Ostens die bisher feindliche orientalische Kirche wiederum seinem Einflusse zu erschliessen schien.

Andererseits konnte Hadrian in vollem Einverständniss
mit Karl gegen Arichis wenigstens indirect einen Schlag
füren, indem beide energisch gegen seinen Verwandten,
Tassilo von Baiern, vorgingen. Durch eine gemeinsame
Gesandtschaft ward Tassilo, der bisher tatsächlich unabhängig gewesen war, aufgefordert und in der Tat bewogen,
persönlich vor Karl zu erscheinen, den Vasallen-Eid, wie

---

[1]) Diese Ansicht Abel's (Jarbücher p. 455) und Venediger's p.
27. 28. ist von Strauss (p 18. 19) bekämpft worden. Aber der letztere geht hiebei von der oben besprochenen unerwiesenen Ansicht
aus, Arichis habe schon 776 die fränkische Oberhoheit anerkannt.
Ausserdem ist ja auch nicht anzunehmen, Karl habe formell auf
seinen Rechtsanspruch verzichtet; es handelte sich nur um die au-
genblickliche praktische Geltendmachung desselben, an welcher dem
Könige damals noch nichts gelegen war. — — Uebrigens wider-
spricht Strauss sich selbst, indem er Karls späteren Angriff auf Benevent doch mit als Grund der Lösung des fränkisch-griechischen
Vertrages anfürt.

früher Pipin gegenüber, abzulegen und als Pfand seiner
Treue Geiseln zu stellen [1]). — —

Im Laufe der folgenden Jare hören wir nichts von den
zweifellos völlig ungestörten Beziehungen des fränkischen
und des byzantinischen Reiches. Erst im Jare 785 traten
neue Verhältnisse ein, als die Kaiserin Irene zur Beschi-
ckung des allgemeinen Concils, welches sie behufs Erneuerung des Bilderdienstes abzuhalten beschlossen hatte, auch
den Papst einlud [2]). Nachdem Hadrian die Rechtgläubig-
keit des neuen Patriarchen von Constantinopel, Tarasius,
auf Grund eines von demselben eingeschickten Glaubens-
bekenntnisses constatirt hatte [3]), gab er der Kaiserin seine
Bereitwilligkeit, das Concil zu beschicken, in einem Antwortschreiben [4]) kund, welches einerseits des päpstlichen
Stules Heiligkeit und Erhabenheit, die Pflicht der Unterwerfung unter ihn mit dem höchsten Selbstbewusstsein
hervorhob, andererseits dem Könige Karl als dem Muster
eines aufrichtigen Dieners und mächtigen Streiters der
Kirche ein ebenso glänzendes als schmeichlerisches Aner-
kennungszeugniss ausstellte. Das Concil fand darauf in der
Tat unter Assistenz päpstlicher Gesandter im Sommer 787
zu Nicaea statt [5]). Ungefär um die Zeit dieses päpstlich-
kaiserlichen Briefwechsels wird auch die Correspondenz
zwischen Hadrian und Karl für unsere Betrachtung wieder
von Wichtigkeit. Es ist wiederum Arichis, dessen Name
nach längerer Pause hier genannt wird; der Papst berichtet, dass derselbe eine, übrigens rein locale, Fehde mit

---

[1]) Annal. Lauriss. maj. und Einh. 781; ferner 757.

[2]) Theoph. A. 6277 p. 713: Ἀποστείλασα δὲ καὶ ἡ βασίλισσα πρὸς
τὸν αὐτὸν πάπαν, ᾐτήσατο πεμφθῆναι γράμματά τε αὐτοῦ καὶ ἀνθρώ-
πους πρὸς τὸ εὑρεθῆναι ἐν τῇ συνόδῳ.

[3]) Theoph. a. a. O.: Ταράσιος, πατριάρχης Κωνσταντινουπόλεως,
— ἀποστείλας ἐν Ῥώμῃ τὰ συνοδικὰ αὐτοῦ καὶ τὸν λίβελλον τῆς πί-
στεως αὐτοῦ ἀπεδέχθη παρὰ τοῦ πάπα Ἀδριανοῦ.

[4]) Mansi, Collectio amplissima Consiliorum XII, 1055.

[5]) Theoph. A. 6279. p. 716: Καὶ διὰ τοῦ καλοκαιρίου ὅλον
συνήχθησαν πάντες ἐν Νικαίᾳ, τῆς δὲ Ῥώμης — — ἐκ προσώπου οὐκ
ἦν ἀπολύσασα, ἀλλ᾿ εἶχεν αὐτούς; s. auch Johannis: Gesta episcoporum Neapolitanorum cap. 45 (Mon. Germ. Scriptt. Langob. p. 427).

2 ·

18

den Neapolitanern und Amalfitanern (griechischen Untertanen) begonnen und dabei starke Verluste erlitten
habe [1]). Doch muss Arichis bald wieder Vorteile errungen
haben; gegen Ende des Jares 786 hatte er entschieden die
Oberhand [2]).

Wärend dieser Ereignisse erfaren wir, dass Karl eine
Gesandtschaft nach Byzanz absendet [3]), und ehe dieselbe
zurückgekehrt, nach Italien sich begiebt [4]), wo er (Anfangs
787) die durch griechische Gesandte überbrachte
Antwort entgegennimmt [5]). Da die letzteren mit der
Absicht erschienen, die Braut des Kaisers zur Vermälung
abzuholen [6]), so wird ohne Zweifel die Gesandschaft Karls
vorher die Aufforderung zu diesem Schritte überbracht haben. Aller Wahrscheinlichkeit nach wird dieselbe jedoch
zugleich den Zweck gehabt haben, den beabsichtigten Zug
Karls nach Italien anzukündigen und die Versicherung zu
geben, dass mit demselben durchaus nicht wider den Vertrag von 781 gehandelt werden solle.

Dies fürt uns auf die wichtige Frage, was Karl mit
dem Zuge nach Italien beabsichtigte, welches seine Motive
für denselben waren. Abel [7]) hat die Ansicht aufgestellt,
der König habe gewisse Absichten des Papstes vereiteln

---

[1]) Cod. Carol. Jaffé ep. 82. p. 250.

[2]) Erchempert cap. 2: (Arichis) Neapolitibus, qui diutina op-
pressione fatigati erant, pacem cessit.

[3]) Gesta abbatum Fontanellensium cap. 16. Mon. Germ. II: Causa
autem legationis erat super Ruatrude, filia magni Caroli, qui isdem
imperator Constantinus in conjugium petebat. Die chronologische
Schwierigkeit, die sich hieran knüpft (s. Abel p. 472, Strauss p. 20)
ist von keiner sachlichen Bedeutung; denn mag die Gesandtschaft
785—86 oder 786—87 in Function gewesen sein, in jedem Fall ist
sie, bevor Karl nach Italien zog, abgegangen, aber noch nicht
zurückgekehrt gewesen.

[4]) Ann. Laur. maj. und Einh. 786.

[5]) Ann. Einh. 787.

[6]) Ann. Einh. 787 „propter petendem filiam", s. Abel p. 471,
Strauss p. 22.

[7]) Jarbücher p. 456—60. Forschungen I, p. 513—517. Dagegen
Strauss p. 25. Anm. 5.

19

wollen, welcher darauf ausgegangen sci, „sich der Abhängigkeit von Karl zu entziehen und hiefür soine Bcziehungen
zu Irene zu verwerton", wodurch tatsächlich für Karl die
Gefar crwachsen sci, das Patriciat der Römer zu vorlieron.
Wenn nun auch zugestanden werden muss, dass die Stellung des Papstes zum Könige für den ersteren eine durch
ihre Machtlosigkcit und entwürdigende Abhängigkeit selbst
in Kleinigkeiten — äusserst unbefriedigendc war [1]), so finden wir dennoch eino für Karl bedenkliche Hinneigung
Hadrians nach Byzanz weder in den Qucllen angedcutet
noch durch die damaligo politische Lage wahrscheinlich
gemacht. Das einzigo Zeugniss, auf welches Abel sich
stützt, ist jenes Antwortschreiben dos Papstes; allein
in diesom wird ein Wunsch, das fränkischo Patriciat wieder aufzuhcben, nirgonds ausgesprochen, viclmehr Karl als
tatsächlicher und würdiger Schutzherr der Kirche auf's
Höchste gepriesen. Die politischen Verhältnisse waren auch
in der Tat derart, dass dem Papste bei seiner genauen
Kenntniss der Zustände es klar sein musste: Irene könne
nimmermehr gegen Karl die Herrschaft in Rom behaupten,
noch auch vermöge sie, selbst als Siegerin, einen energischeron Schutz als Karl wider die Angriffe der italischen
Herzöge zu gewären [2]). Und auch das musste dem Papste
bewusst sein, dass er, ob auch von Karl in Sachen der
Verwaltung und Erweiterung des Patrimoniums vielfach
eingeengt und tyrannisirt, dennoch durch die Verbindung
mit dem fränkischen Reiche unendlich Wertvolleres erhalten hatte und sich bewarte: eine Weltstellung, eine weitest ausgebreitete Machtsphäre, dio der päpstliche Stul
selbst sich nimmer hätte crobern können. Demgemäss entspricht auch das fernere Benehmen des Papstes durchaus
nicht don Voraussctzungen Abels; denn obgleich er wissen
musste, dass ein Bruch zwischen Karl und Arichis Zcr

[1]) Vgl. besonders Cod. Carol. Jaffé epp. 70—74. 82. 89. und andere, die von fruchtlosen Bemühungen um Verwirklichung der päpstlichen Territorialansprüche, von Reclamationen wegen Rücksichtslosigkeit und Willkürlichkeit der königlichen Beamten angefüllt sind.
[2]) So auch Venediger a. a. O. p. 28. 29.

2*

würfnisse mit Irene verursachen werde, so werden wir
dennoch gerade ihn, den König, zu jenem Bruche treiben
und sich selbst so der Möglichkeit fernerer Verbindung mit
Byzanz berauben sehen. Wenn wir somit in Misstrauen gegen Hadrian nicht
das Motiv zu dem Romzuge Karls finden können, so ist
auch andererseits überhaupt kein Grund ersichtlich, der
uns nötigt, in diesem Punkte von dem einfachen und nüch-
ternen Bericht der gleichzeitigen Reichsannalen abzuweichen. Dieselben besagen (Ann. Laur. maj. 786), Karl habe
den Entschluss gefasst, — — „ad limina beatorum aposto-
lorum iter peragendi et causas Italicas disponendi et cum
imperatoris missis placitum habere de convenentiis eorum".
Der zweite Teil dieses Satzes wird durch die Tatsachen
bestätigt, dass Karl gerade in jener Zeit durch Absendung
einer Gesandtschaft Verhandlungen mit Constantinopel angeknüpft hatte, und dass dieselben darauf wirklich in Italien (und zwar in Capua) ihren Abschluss fanden; der
erste Teil („causas Italicas disponendi") bedarf keiner speciellen Bestätigung; dass „die sehr verwickelten Verhältnisse Italiens" [1]), die schwierigen territorialen Fragen bezüglich der abhängigen Herzogtümer und des Patrimoniums
immer von Zeit zu Zeit die Anwesenheit des Königs in
Rom erheischten, ist unzweifelhaft, und nichts kann weniger auffallen, als dass er, nachdem die endlich beendeten
Sachsenkriege ihm freie Hand liessen, nach längerer Pause
wieder einen Romzug unternahm, der wol auch wünschenswert schien, um sich wegen neuer Massregeln gegen Tassilo von Baiern mit dem Papst in Beziehung zu setzen [2]).
— Trotzdem jedoch muss uns daran gelegen sein, die allgemein gefasste Angabe der Reichsannalen dem concreten
Fall entsprechend schärfer zu präcisiren. Die äusserlich
am schärfsten hervortretende Entscheidung, welche Karl

---

[1]) Abel, Jarbücher p. 452.

[2]) Zwischen Tassilo und Karl müssen nach dem Jare 781 wieder Zerwürfnisse ausgebrochen sein; denn Tassilo sendet Gesandte
an den Papst: „ut pacem terminaret inter Carolum regem et Tas-
silonem ducem".

786 und 787 in Italien getroffen, ist die bezüglich des
Herzogtums Benevent gefällte. Es entsteht die Frage: war
diese Entscheidung schon bei Beginne des Romzuges geplant? bildete sie eines der Ziele desselben?

Dass eine Regelung der unklaren Stellung des Herzogtumes beabsichtigt war, ist unzweifelhaft; dass jedoch der
König derartig durchgreifende Massregeln, wie er sie
schliesslich getroffen, von Anfang an geplant habe, muss
ich in Abrede stellen, da weder die politische Lage im
Jare 786 mir für eine solche Annahme Raum zu bieten
scheint, noch die Quellen eine derartige Auslegung fordern. Die politische Lage war derart, dass die Begründung einer realen, gesicherten Machtstellung der Franken
in Unteritalien zur Aufhebung der 781 mit den Griechen
geschlossenen Verbindung füren musste. Einen derartigen
Bruch herbeizuführen hatte Karl aber schlechterdings keinen
Grund, und wir wissen zudem, dass er noch kurz vorher
durch Absendung der oben erwänten Gesandtschaft über
die Ausfürung des bekannten Vermälungsprojectes in Constantinopel von Neuem hatte verhandeln lassen; worauf
dann auch in der Tat zu Anfang 787 griechische Gesandte
in Italien eintrafen, um die Tochter des Frankenkönigs in
Empfang zu nehmen und nach Byzanz zu geleiten. Wir
haben ferner nicht die mindeste Nachricht, dass Arichis
in den letzten Jaren irgend etwas unternommen hatte, was
Karl zum Zorn gegen ihn hätte reizen können [1]; der ein-

---

[1] Freilich fürt Abel (Jarbücher p. 453. Anm. 1) hier eine Stelle
(Mon. Germ. Scriptt. III, 243. Erchemp. Hist.) an, nach welcher
Arichis statt dux sich princeps genannt und sich habe krönen lassen.
Allein diese Stelle ist in der neuesten Ausgabe der Scriptt. Lang.
bereits weggelassen, da sie nur von Leo Ostiensis fälschlich als
Citat aus Erchempert angefürt wird. Ausserdem lässt sich
wenigstens für die Regierungen Grimoalds I. und II. von Benevent
urkundlich den Beweis füren, dass auf den Wechsel der Titel „princeps" und „dux" kein Gewicht gelegt worden ist. Denn die Urkunden N. I—IX des „Codex Diplomaticus Cavensis" zeigen, dass
im Octbr. 792, wo Benevent höchst wahrscheinlich vom Frankenreiche wieder abgefallen war, Grimoald noch dux gentis Langobard.
genannt, in derselben Urkunde aber von seinem principatus

zige unversönliche Feind des Herzogs war vielmehr Hadrian,
— — und in denkbar vollständigster Harmonie mit dem
Gesammtbild der gleichzeitigen Verhältnisse steht demgemäss der Bericht der älteren Reichsannalen, nach welchem
der König erst in Rom, durch des Papstes Andringen und
die diesem von Seiten der fränkischen Grossen gewärte
Unterstützung veranlasst wird, mit der formellen Anerkennung seiner Oberhoheit durch Arichis sich nicht zufrieden zu geben, sondern noch weitere Forderungen zu stellen. —

Indess — um ein sicheres Urteil zu gewinnen, muss
gerade an dieser Stelle vor Allem die quellenkritische Frage
erledigt werden: kommt die ältere Redaction der Reichsannalen hier überhaupt in Betracht? ist sie nicht durch
den Bericht der jüngeren, welche Karl den Plan der Incor-
porirung Benevents mit klaren Worten zuschreibt, als völlig wertlos gekennzeichnet?

In Beantwortung dieser Frage sehe ich trotz vielfachen
Widerspruches, der in neuerer Zeit laut geworden, keinen
Grund von der durch Ranke zu Gunsten der älteren An-
nalen getroffenen Entscheidung abzuweichen [1]).

gesprochen wird, dass ferner zwar der aufrürerische Grimoald I. zwischen
798 u. 803 stets princeps genannt wird, dass aber auch Grimoald II.,
Karls und Ludwigs getreuer Anhänger, sich denselben Titel beilegen
lässt. — Dass der Catalogus ducum Benevent. (Scriptt. Lang. p. 494)
Arichis zuerst den Titel „princeps" zuschreibt, beweist allerdings
die Richtigkeit der Tatsache, aber nicht deren politische Bedeutung; die Titelfrage war unstreitig rein cerimonieller Natur,
und bot vermutlich weiteren Kreisen weniger Interesse als dem lo-
yalen Verfasser des betreffenden Fürstencataloges.

[1]) Abhandl. der Berliner Akademie 1854. Ranke, Zur Kritik
etc. I. Dagegen Abel p. 452 ff.; Strauss p. 21; Venediger p. 37.
Letzterer hält es nicht einmal für nötig auf Ranke Rücksicht zu
nehmen.

Die betreffende Stelle der jüngeren Redaction (Ann. Einh. 787)
lautet: Rex — — statuit — — partem Italiae quae nunc Beneven-
tus vocatur adgredi, conveniens esse arbitratus, ut illius regni resi-
duam portionem suae potestati subiceret, cuius caput in capto De-
siderio rege majoremque partem in Langobardia jam subactam te-
nebat. Man sieht, dass in diesem Bericht nur die abstracte Er-

Demgemäss scheint es mir das Wahrscheinlichste, dass Karl 786 Italien mit der Absicht betrat, Arichis bloss zur formellen Anerkennung der fränkischen Oberhoheit zu nötigen; ein derartiges Vorgehen hätte wol schwerlich den Bruch mit den Griechen herbeigefürt, und der Moment erschien wol deshalb besonders günstig, weil Arichis sich eben mit dem zum griechischen Reichsverband gehörigen Herzogtum Neapel in Fehde befand, und es unwahrscheinlich war, dass Irene ihm in diesem Augenblick energischen Schutz gewären werde; höchst wahrscheinlich hatte auch der Papst dieser Erwägung folgend, sich so sehr beeilt, den König von jener Fehde zu unterrichten [1]).

wägung eines späteren Betrachters, nicht die Darlegung wirklich concreter Motive, die den König leiten konnten, gegeben wird; die Motive, welche hier angefürt werden, konnten nicht nur gerade im Jare 786 bestimmend sein; sie waren, wenn überhaupt, dann seit der Zerstörung des Langobardenreiches für Karls Willensrichtung wirksam, und hätten schon 781 zur Unterjochung Benevents, nicht aber zu einem Vertrage mit den Griechen füren müssen, der Benevent ungestörte Ruhe zusicherte. Die Motivirung, die der Annalist gibt, ist zu erklären aus dem Bestreben, die Handlungsweise des Königs von Anfang an als vorbedacht, consequent, unabhängig zu schildern. Hiemit steht im besten Einklang die Art und Weise, wie der jüngere Annalist die Nachricht des älteren bezüglich des Einflusses, den Papst und Optimaten auf den Entschluss des Königs gehabt abzuschwächen sucht. Ann. Laur. maj.: Sed hoc minime apostolicus credebat neque obtimates Francorum, et consilium fecerunt cum supra nominato domno Carolo rege, ut partibus Beneventanis causas firmando advenisset; quod ita factum est. Ann. Einh.: (Cum rex) de profectione sua in Beneventum tam cum Hadriano pontifice quam cum suis obtimatibus deliberasset, — — — ille longe aliter de rebus inchoatis faciendum sibi judicans — — — etc.

Man sieht, der gesammte Bericht der jüngeren Redaction zielt auf Verherrlichung des Königs ab; der ältere ist entschieden unbefangener. Und ich glaube, dass wir eher noch dem älteren Bericht zwischen den Zeilen lesend etwas hinzufügen als etwas von ihm abstreichen dürfen; denn dass der grosse König sich den Wünschen des Papstes und der Optimaten habe fügen müssen: das hätte der officielle Annalist sicher nicht zu erfinden gewagt.

[1]) Cod. Carol. ep. 81. p. 250: Quod in his vero partibus actum

Arichis jedoch, von dem Vorhaben des Königs benach-
richtigt, gab nicht nur sogleich die Fehde auf, sondern
suchte auch durch bedeutende Zugeständnisse die Neapolitaner von jeder Verbindung mit den Franken abzuhalten [1]). Hierauf sandte er (Anfang 787) seinen Sohn Romuald mit Ehrengeschenken an den König, der sich damals in Rom aufhielt, und liess ihm in einer sehr über-
schwänglichen, aber nichts Definitives aussagenden Formel
seine Unterwerfung ankündigen [2]). Hadrian jedoch suchte
mit Entschiedenheit den König zu bestimmen, sich hiemit
nicht zufrieden zu geben, sondern selbst in das Gebiet von
Benevent zu ziehen, um diesen beständig drohenden Feind
endlich definitiv unschädlich zu machen [3]). Karl vermochte

---

est, vobis enuncleatius enuntiare festinavimus. — Allerdings brauchte
bei dem losen Verhältnisse des Herzogtumes Neapel zum griechischen
Reiche (Abel p. 456) die oben erwänten Fehde nicht zum Kriege
zwischen Irene und Arichis zu füren; immerhin war aber doch eine
Unterstützung des letzteren durch die Griechen unter diesen Umständen sehr unwahrscheinlich.

[1]) Erchemp. cap. 2: Qui audiens eos super se adventare, Neapolitibus, — — pacem cessit eisque diaria in Liguria et Cimiterio
per incolas sancitam dispensione misericordiae vice distribuit, titu-
bans, ut conici valet, ne ab eorum versutiis Franci aditum intro-
eundi Beneventum repperirent.

[2]) Ann. Laur. maj. 787: — omnes voluntates praedicti regis
adimplere cupiebant. — Die fernere Darstellung ist aus denselben
Annalen geschöpft. — Die Angabe Erchemperts (cap. 2), es sei zwischen Karl und Arichis zum Kampfe gekommen, ist gegenüber den
gleichzeitigen Angaben jener Annalen wertlos.

[3]) Die Worte der Ann. Laur. maj.: (consilium fecerunt cum domino — — —) ut partibus Beneventanis causas firmando advenisset — scheinen mir übersetzt werden zu müssen: „er (der König)
möge in das beneventanische Gebiet einmarschiren, um die Verhältnisse dauernd zu ordnen". Die plusquamperfectische Form „advenisset" kann nicht befremden, da wir wenige Zeilen früher dieselbe
Ausdrucksweise finden: Harichis — misit — postolare, ut in Benevento non introisset. Die sprachlich auch zulässige Uebersetzung:
„sie hielten dem Könige vor, dass er gekommen sei, um die Angelegenheiten im beneventanischen Gebiet zu ordnen" (ut für quod
gesetzt), scheint mir durch die folgenden Worte „quod ita factum
est" ausgeschlossen. Denn diese Worte besagen, dass die Erfüllung

nach den Verpflichtungen, die er als Patricius und Defensor der römischen Kirche übernommen hatte und deren Erfüllung er nicht verweigern durfte, wenn er nicht Hadrian geradezu in die Arme der Byzantiner treiben wollte, — dem Papst das Verlangte nicht abzuschlagen [1]).

Doch auch jetzt noch bezeugte er eine gewisse Mässigung. Denn sobald Arichis, jede Verteidigung aufgebend, von Salerno, wohin er sich geflüchtet, eine neue Gesandtschaft mit seinem zweiten Sohne Grimoald an den bis Capua vormarschirten König abgesandt hatte, verzichtete Karl auf weiteren Vormarsch in Unteritalien [2]), und begnügte sich, nach Zurückhaltung Romualds und zwölf anderer Geiseln, eine Gesandtschaft nach Salerno abzufertigen, welche dort jedoch nicht nur Arichis selbst, sondern auch dem gesammten Volk von Benevent den Eid der Unterwerfung abnehmen sollte [3]). Wir werden nicht irren, wenn wir den Entschluss des Königs, nicht weiter nach Süden vorzudringen, aus Rücksicht auf das byzantinische Bündniss erklären. Trotzdem war aber die Veränderung, welche die im Frühjar 787 in Capua eintreffenden griechischen Gesandten vorfanden, immerhin bedeutend genug. Die Verhandlungen hatten darauf auch in der Tat nicht die Festsetzung der Vermälung, sondern die Lösung des Verlöbnisses zur Folge. Die letztere wird von den fränkischen Reichsannalen der Initiative Karls [4]), von Theo-

einer vorher ausgesprochenen Forderung oder Erwartung eingetreten sei; nimmt man nun an, dass durch den Satz „ut — advenisset" eine bereits vollzogene Tatsache ausgesprochen werde, so verlieren die Worte „quod ita factum est" ihren Sinn.

[1]) Dies haben wol auch die auf Seiten des Papstes tretenden Optimaten des Königs anerkannt, die zum Teil selbst Cleriker waren; vgl. weiter unten: cum sacerdotibus vel ceteris optimatibus.

[2]) Nach den Angaben der Ann. Laur. maj. ist auch hier das Urteil der „sacerdotes et ceteri optimates" eingeholt worden; die weitere Angabe „ut non terra deleretur etc." ist natürlich wertlos.

[3]) Ann. Laur. maj. 786; ebenso wird gegen die Untertanen Tassilos verfaren; Ann. Einh. 787.

[4]) Ann. Einh. 788: „propter negatam sibi regis filiam" habe Constantin den Krieg begonnen.

phanes der Willkür Irenes zugeschrieben [1]), und demgemäss sind auch die Meinungen der neueren Historiker weit auseinandergegangen. Wärend Hertzberg [2]) der Launenhaftigkeit, Döllinger [3]) und Dümmler [4]) der Herschsucht der Kaiserin die Schuld der Lösung zuschieben, und auch Muralt [5]) Irene verantwortlich macht, sieht Abel [6]) in der plötzlichen Weigerung Karls den einzigen Grund. Mit Recht macht aber Strauss darauf aufmerksam, dass dieser Widerspruch der Quellen sich leicht löst, indem „an eine einseitige Auflösung eigentlich nicht zu denken ist" [7]). Nach jener vorbereitenden Gesandtschaft Karls vom Jare 785 oder 86 wird Irene ihren Gesandten Verhaltungsmassregeln mitgegeben haben, nach denen sie die Vermälung nur unter Einhaltung gewisser Bedingungen von Seiten Karls in Aussicht stellen sollte. Diese Bedingungen können sich nur auf Benevent bezogen haben und Karl war damals nicht mehr in der Lage sie zu erfüllen, ohne einen demütigenden Rückschritt zu tuen [8]). Demgemäss trat jetzt

---

[1]) Theoph. A. 6281. p. 718: Λύσασα δὲ ἡ βασίλισσα Εἰρήνη τὴν πρὸς τοὺς Φράγγους συναλλαγὴν — — ἤγαγεν ἐκ τῶν Ἀρμενιακῶν — — καὶ ἔζευξεν αὐτὴν Κωνσταντίνῳ τῷ βασιλεῖ καὶ υἱῷ αὐτῆς κτλ.

[2]) Geschichte Griechenlands I, 205.

[3]) Münchner histor. Jarbuch 1865. p. 338.

[4]) Sitzungsberichte der Wiener Akademie XX, 383.

[5]) Chronographie Byzantine A. 789.

[6]) Jarbücher p. 471. Forschungen I, 516.

[7]) a. a. O. p. 24.

[8]) Strauss p. 23 giebt als Grund der Differenz zwischen Karl und Irene zwar auch die beneventanischen Verhältnisse an, aber erst in zweiter Linie, da diese Anschauung mit seiner Annahme, Arichis habe sich schon 775 Karl unterworfen, nicht recht vereinbart ist. Er sieht den Hauptgrund des Zerwürfnisses darin, dass „Karl Garantieen für die Selbstregierung seines Schwiegersohnes forderte". Aber hievon berichtet nur das im 12. Jarhundert abgefasste Werk des Zonaras, das entschieden nicht mehr als Quelle gelten darf, und auch dieses sagt nur, dass Irene das Verlöbniss gelöst habe aus Herschsucht und Furcht, um nicht ihren Sohn durch Bündniss mit den Franken sich der Herrschaft bemächtigen zu lassen; von einer desbezüglichen Forderung Karls weiss auch dieses nichts. Allerdings habe ich auch bei Georgios Hamartolos (edidit

Kriegszustand ein und die Verlobung war eo ipso aufge-
löst. Kaum hatte Karl sich wieder nach Rom begeben,
von wo aus er noch im Sommer 787 nach Deutschland
zurückkehrte [1]), als der byzantinische Hof Verhandlungen
mit Arichis anknüpfte. Die Herzogswürde von Neapel, der
Titel „patricius", die Sendung eines Hülfsheeres unter Ober-
befehl seines Schwagers Adalgis wurden dem Herzoge auf
seine Bitte zugesagt, wogegen er sich zur Anerkennung
der kaiserlichen Oberhoheit, sowie zur Annahme griechischer Tracht und Sitte verpflichtete. Noch 787 entsandte

Muralt p. 662 eine Stelle gefunden, wo er von dem Verlöbniss sagt:
„(τούτου) διασκεδασθέντος φθόνῳ"; aber diese abgerissene und un-
klare Angabe eines Schriftstellers aus dem folgenden Jarhundert
beweist auch nichts.

Venediger p. 41 sieht in den beneventanischen Verhältnissen den Hauptgrund der Lösung.

[1]) Cod. Carol. Jaffé 86. p. 259—63: Et post actum sacramentum
unus ex ipsis Capuanis — — retulit nobis dicens: „Quia dum mag-
nus domnus Carolus rex preterito anno a Capuana urbe reversus
fuisset, Arichis dux suos aput imperatorem misit — — missos, pe-
tens auxilium et honorem patriciatus una cum ducatu Neapolitano
sub integritate, simul et suum cognatum Athalgisum cum manu va-
lida in adjutorium dirigendi; permittens ei, tam in tonsura quam in
vestibus usu Grecorum perfrui sub eiusdem imperatoris dicione.
Haec audiens autem imperator, emisit illi suos legatos, scilicet spa-
tarios suos cum diucitin Siciliae, ferentes secum vestes — — sicut
Arichisus indui — — pollicitus fuerat; petentes Rumaldum ejusdem
Arichisi filium in obsidiatum.

Abel (Forsch. I, 517—521) setzt diese Verhandlungen des Arichis vor den Kriegszug Karls gegen ihn. Allein mir scheint kein
Grund zur Anzweiflung der klaren Worte: „dum Carolus a Capuana
urbe reversus fuisset" vorzuliegen. Allerdings waren die Capuaner, welche 788 Hadrian die Sache mitteilten, Parteimänner; allein eine derartige Fälschung der Zeitangabe wäre gegen ihr Interesse gewesen: Arichis war damals bereits todt, gegen Grimoald
richtete sich ihr Hass, wie Abel selbst nachweist, um ihn von der
Thronfolge zu entfernen. Durch die Verlegung der Conspiration in
die Zeit nach Karls Kriegszug wurde Grimoald aber gerade von
aller Mitschuld entlastet; denn er befand sich damals bei Karl als
Geisel. Somit hatten jene Capuaner eher das Interesse die Conspiration vorzudatiren und ihre Angabe, welche sie erst so spät

man aus Byzanz zwei höhere Würdenträger (spatarii) mit
dem Patricius von Sicilien, um Arichis das gewünschte
Patriciat zu übertragen und die Metamorphose des Lango-
bardentums in das Griechentum zu vollziehen. Seiner Hinneigung zu dem letzteren gab der Herzog in dieser Zeit
auch dadurch Ausdruck, dass er die in Benevent von ihm
neu erbaute prächtige Kirche mit dem Namen der „*Ayia
Σοφία*" belegte. Uebrigens beschäftigte er sich zugleich
auch mit Bauten, die für seinen Zweck von mehr Wichtigkeit waren; er umgab Salerno, das ihm schon einmal gegen
Karl Schutz geboten, mit neuen stärkeren Befestigungs-
werken, die diesen Platz zu einem uneinnehmbaren Zufluchtsort machen sollten [1]). Die Ankunft der griechischen
Gesandten erlebte der Herzog jedoch nicht mehr; noch im
besten Mannesalter [2]) starb er plötzlich am 26. August 787;
sein Sohn Romuald war ihm kurz vorher im Tode vorausgegangen. So fanden die Gesandten Irenes die Lage vollständig verändert; der präsumtive Nachfolger in der Herzogswürde, Grimoald, war in Karls Händen, welcher, selbst
zweifelhaft, ob die Rückkehr demselben zu gestatten sei,
noch dazu vom Papste fortwärend davon abgemahnt ward [3]).
Karl trat mit den Beneventanern in Verhandlung, um das
künftige Verhältniss festzustellen [4]); die Griechen andererseits ruhten auch nicht. Zwar ihren ursprünglichen Plan,
ein Heer unter Adalgis nach Oberitalien zu senden [5]), gaben

ansetzt, ist daher gewiss nicht anzuzweifeln. So auch Strauss a. a.
O. p. 28, wärend Venediger p. 38 Abel gefolgt ist.

[1]) Erchempert cap. 3. Die Angabe desselben, Arichis habe erst
damals Salerno erbaut, ist unhaltbar.

[2]) Nach Abel, Jarbücher p. 499, im Alter von 55 Jaren.

[3]) Cod. Carol. Jaffé ep. 84—86, besonders p. 255: pro certo scia-
tis, quia, si ipsum Grimoaldum in Benevento miseritis, Italiam sine
conturbatione habere minime potestis.

[4]) Diese Unterhandlungen sind genau dargestellt bei Strauss p.
29—31 und Venediger p. 41. 42. 45—47, nach Epp. Carol. N. 4. u 5.
Jaffé p. 345—348.

[5]) Jaffé p. 261: De vero Athalchisus ejus cognato emisit ei dicens: „Qui aput illum non dirigimus; set eum dirigimus cum exer-
cito in Tervisio aut Ravenna".

sie auf; ich glaube nicht fehl zu gehen, wenn ich diese
Veränderung mit der damaligen Politik Tassilos in Beziehung setze. Tassilo war nach mehrfachen Aufforderungen
des Papstes, unter Androhung des Bannes, endlich dazu
vermocht worden, sich dem mit Heeresmacht heranziehen-
den Könige zu unterwerfen, doch unter Bedingungen, die
ihn aufs Aeusserste reizten und zu sofortigem Abfall an-
stachelten. (Er musste sein Herzogtum formell abtreten
und darauf wieder sich neu verlehnen lassen, ferner dulden, dass sein ganzes Volk Karl unmittelbar den Treueid
leistete.) Kaum wieder sich selbst überlassen, trat er mit
den Avaren in verräterische Verbindung [1]) und zwar auf
Anregen seiner langobardischen Gemalin [2]). Berücksichtigt
man, dass die Unterwerfung Tassilos in den allerersten
Tagen des October [3]) und sehr bald darauf sein Bündniss
mit den Avaren erfolgte, dass andererseits in Byzanz der
neue Kriegsplan entworfen ward, nachdem die im September in Italien eingetroffenen Gesandten den Tod des Arichis zurück gemeldet hatten; erwägt man ferner, dass
Tassilo die Avaren nicht nur nach Deutschland, sondern
auch nach Italien [4]) dirigirte, so scheint mir durch diese
chronologische und räumliche Uebereinstimmung der Ope-
rationen ein Bündniss zwischen Tassilo und den Griechen
unzweifelhaft [5]).

Unter diesen Umständen war das Erscheinen des Adalgis in Oberitalien nicht mehr notwendig; er ward mit einer
Truppenabtheilung nach Calabrien dirigirt [6]) und nahm dort

---

[1]) Nach der Vita Caroli ist das schon früher geschehen; aber
mit Abel (Jarb. 493) ziehe ich die Angabe der Reichsannalen vor.

[2]) Ann. Laur. 788: suadente uxore Liutbergane; Vita Caroli XI:
Hortatu uxoris — — iuncto foedere cum Hunis.

[3]) Abel, Jarbücher 496.

[4]) Annal. Sith. 788: Graecorum exercitus a Francis et Lango-
bardis et Beneventanis proelio superatur; similiter et Avares in marca
Bajoariae atque Italia a regalibus exercitibus victi atque
fugati sunt.

[5]) S. hierüber auch Abel, Jarb. 513; Strauss p. 27 Anm. 2.

[6]) Cod. Carol. ep. 84. p. 253: De — Athalgiso nobis nunciatum

eine Aufstellung an der beneventanischen Grenze. Die griechischen Gesandten begaben sich unterdess auf beneventanisches Gebiet, wo sie Verhandlungen mit Arichis Witwe, Adalperga, und den Beneventanern anknüpften. Diese erklärten jedoch sich auf nichts Definitives einlassen zu können; sie geben zwar ihrer Ueberzeugung, dass Grimoald sich Byzanz unterstellen werde, Ausdruck, ersuchten aber doch die Gesandten, sich zunächst auf griechischen Boden zurückzuziehen. Diese begaben sich nun nach Neapel. Hievon durch den Papst unterrichtet [1]), sah Karl ein, dass das einzige Mittel, Benevent zu behaupten, darin bestehe, Grimoald den Treueid abzunehmen und ihn dann als Herzog einzusetzen. Dies geschah. Grimoald verpflichtete sich eidlich, einen järlichen Tribut von 7000 Solidi zu geben [2]) und zum Zeichen der Abhängigkeit Karls Namen auf seine Münzen zu setzen und in seine Urkunden aufzunehmen [3]), und wurde darauf 788 als Herzog von Benevent entlassen. Er blieb der eingegangenen Verpflichtung zunächst treu; die Griechen gaben dennoch ihre Pläne nicht auf. Ende 788 erschien der Sacellarius Johannes mit dem Hauptheere, das sich mit den Truppen des sicilischen Pa-

---

est: quia — cum missis imperatoris partibus scilicet Calabriae residet, juxta confinium ducati Beneventani.

[1]) Cod. Carol. 86. p. 261: „Quia nos apud regem Carolum emisimus missos nostros, — — propter hoc morari vos Neapolim convenit, dum usque ipso Grimoaldo recipere possimus ducem. Et quod genitor ejus Arichisus minime valuit adimplere, Grimoaldus ejus filius, dum culmen genitoris sui adeptus fuerit, prorsus imperialem voluntatem cum omni dicione in omnibus adimplemus". Quapropter — — usque Neapolim eos cum magno deduxerunt honore.

[2]) Ann. Einh. 814: Hludowicus cum Grimoaldo pacem fecit, eo modo quo et pater ejus, ut Beneventani annis singulis tributum septem milia solidos darent.

[3]) Erchempert cap. 4: sacramento eum hujusmodi vinxit, ut — — cartas vero nummosque sui (Caroli) nominis caracteribus superscribi semper juberet. Die von Abel (Jarbücher p. 522) angefürte Bedingung, dass die Mauern der Städte Acerenza, Salerno, Consa geschleift werden sollten, findet sich nur im Chron. Salernitanum, und ist daher durchaus nicht gesichert. Venediger p. 50 bezweifelt auch die Angaben Erchemperts, doch wie mir scheint, ohne Grund.

tricius Theodorus und der Abteilung des Adalgis vereinigte [1]). Gegen Benevent vorrückend stiess es auf die
Truppen der Herzöge Hildebrand von Spoleto und Grimoald, verstärkt durch die Streitkräfte des königlichen
Missus Winighis, bei welchem sich die drei genannten Fürer
selbst befanden [2]). Die Griechen erlitten eine grosse Niederlage: 4000 von ihnen sollen gefallen, 1000 gefangen
worden sein [3]); unter den Todten befand sich auch der
Oberbefehlshaber Johannes [4]).

Im selben Jare wahrscheinlich ist auch der Kampf in
Oberitalien entschieden worden: nachdem Karl sich des
Hauptfeindes Tassilo entledigt hatte, wurden die Avaren
leicht besiegt [5]) und bei dieser Gelegenheit oder wenig
später Istrien von den Franken erobert [6]).

Somit grenzte das fränkische Reich jetzt unmittelbar

---

[1]) Theoph. A. 6281. p. 718: *Ἀποστείλασα δὲ Εἰρήνη Ἰωάννην τὸν
σακελλάριον καὶ λογοθέτην τοῦ στρατιωτικοῦ εἰς Λογγιβαρδίαν — —
πρὸς τό, εἰ δυνηθεῖεν, ἀμύνασθαι τὸν Κάρουλον καὶ ἀποσπάσαι τινὰς
ἐξ αὐτοῦ· καὶ κατῆλθον οὖν σὺν Θεοδώρῳ πατρικίῳ καὶ στρατηγῷ Σι-
κελίας.*

[2]) Ann. Laur. maj. et Einh. 788. Der vom Chron. Moissacense
in das Jar 789 gesetzte Kampf ist wahrscheinlich identisch mit diesem, s. Dümmler, Sitzungsberichte der Wiener Ak. XX, 383 Anm. 2.

[3]) Epp. Alcuini N. 14 (Jaffé, Mon. Alcuiniana): Graeci — — venerunt in Italia et a ducibus regis praefati victi fugerunt ad naves;
4 milia ex illis occisi et mille captivi feruntur.

[4]) Bezüglich des Sacellarius Johannes lautet die Stelle Theoph.
a. a. O.: *ἐκρατήθη ὑπὸ τῶν Φράγγων ὁ αὐτὸς Ἰωάννης καὶ δεινῶς
ἀνῃρέθη.* Uebereinstimmend mit der aus dem 17. Jarhundert stam-
menden lateinischen Uebersetzung haben Venediger p. 53, Abel p.
524 und Strauss p. 34 diese Stelle so verstanden, als sei Johannes
gefangen und grausam hingerichtet worden. Aber mir scheint ebenso statthaft die Uebersetzung: „Johannes wurde besiegt und kam
auf schreckliche Weise um" (in der Schlacht). Die Hinrichtung eines gefangenen griechischen Sacellarius, an und für sich unwahrscheinlich, wird es noch mehr, wenn wir z. B. lesen Ann. Laur. et
Einh. 798: Sisinnium, fratrem Cpltani episcopi, olim in proelio
captum domum redire permisit (nach dem Friedensschlusse).

[5]) Ann. Sith. 788.

[6]) Epp. Carolinae Jaffé N. 6. p. 350 nennt der König 791 einen
„dux de Histria". Das Land wurde demnach Herzogtum.

an jene Provinzen, welche sich im losesten Zusammenhange mit dem byzantinischen befanden: die croatischen Gaue Dalmatiens, welche in rein nomineller Abhängigkeit standen [1]), sowie an die romanisch gebliebenen Inseln Veglia, Arbe, Cherso, Lussin an der dalmatischen Küste, die ebeso wie die romanischen Küstenstädte Zara, Trau, Spalato, Ragusa nur durch schwache Tribute ihr Untertanenverhältniss zum Ausdruck zu bringen hatten [2]). Die lebhaften Handelsbeziehungen derselben zu Italien, ebenso wie die kirchliche Zusammengehörigkeit mussten bei der Nähe der fränkischen Macht zu Annäherungen füren, welche der byzantinischen Regierung ebenso unlieb sein mussten, als die durch die Raubzüge der Croaten sicher zu erwartenden Kriege der Franken mit diesem Volke, den Untertanen Constantinopels. Gefärdet war endlich besonders das venetianische Gebiet, welches, ganz von fränkischem umschlossen, bezüglich seines so wichtigen Handelsbetriebes ganz von Karls Gunst oder Ungunst abhängig war. Wir hören, dass Karl hier tatsächlich einen höchst lästigen Druck ausübte, indem er den Papste vorschrieb, die venetianischen Kaufleute, offenbar als Angehörige eines feindlichen Staates, aus dem ravennatischen Gebiete und der Pentapolis auszuweisen. Der Papst ging noch weiter: er befahl dem Erzbischof von Ravenna sogar alle venetianischen Lehensleute der ravennatischen Kirche zu vertreiben und die betreffenden Ländereien unmittetbar unter seine Verwaltung zu nehmen [3]). So stellte die Eroberung Istriens

---

[1]) Dümmler a. a. O. p. 379.

[2]) Dümmler a. a. O. p. 368—371.

[3]) Cod. Carol. Jaffé ep. 94. p. 276: Dum vestra regalis in triumphis victoria praecipiendum emisit, ut a partibus Ravennae seu Pentapoliis expellerentur Venetici ad negotiandum, nos ilico partibus illis emisimus — — Insuper et ad archiepiscopum praecipiendum direximus, ut in quolibet territorio nostro jure sanctae Ravennate ecclesiae ipsi Venetici praesidia atque possessiones haberent, omnino eos exinde expellerent, et sicuti ecclesiae suae jura manibus suis tenere.

Der Brief ist undatirt; Jaffé setzt ihn zwischen 784 und 791; doch kann die genannte Massregel nicht vor dem Bruche Karls

eine Reihe neuer Verwickelungen wegen Venetiens und Dalmatiens in Aussicht, ebenso wie die Eroberung Benevents eine Gefar für Sicilien in sich schloss. Trotzdem gab Irene den Kampf auf; sie erkannte zwar die Eroberungen Karls nicht durch einen förmlichen Friedensschluss an, liess sie aber tatsächlich in seinem Besitz; denn seit 786 schon waren die Kräfte des Reiches durch unglückliche Kriege mit Harun al Raschid in Anspruch genommen, zu denen seit 789 noch gleichzeitig erschöpfende Kämpfe mit den Bulgaren kamen [1]). Aber auch Karl hat in den nächsten Jaren nicht versucht, seinen Einfluss an der Ostküste des adriatischen Meeres auszudehnen; die Kräfte der südöstlichen Marken des Reiches wurden durch die avarischen Feldzüge bis 799 völlig absorbirt. Den ersten Anlass erneuter Feindseligkeiten gab wiederum Benevent; Grimoald war durchaus nicht gewillt, die Oberherrschaft der Franken auf die Dauer zu dulden. Wenn uns Arichis aus den Quellen wesentlich als ein vorsichtiger und berechnender Politiker entgegentritt, der durch Schwankungen und verzögernde Intriguen die Entscheidung über seine staatsrechtliche Stellung möglichst lange hinzuhalten sucht, so sehen wir in Grimoald I. eine durchaus energische und tatkräftige Persönlichkeit; bis zu seinem Tode hat er mit Pipin, dem Könige Italiens, um seine Selbstständigkeit gekämpft und ist nicht im Kampfe erlegen. Zunächst musste er Anlehnung an das griechische Reich suchen; er vermälte sich daher mit einer griechischen Prinzessin Wantia (?) [2]),

mit den Griechen, also frühestens 787 (Strauss a. a. O. p. 35 meint 788), und nicht, wie Gfrörer (Byzant. Gesch. I, 88) will, schon 785 erfolgt sein.

Gfrörer sieht in dieser Massregel den Beginn einer auf Eroberung Venetiens gerichteten Politik Karls, und meint, dass sogleich damals eine fränkisch gesinnte Partei in Venedig sich gebildet habe; die Quellen sagen jedoch nichts davon, und von Verhandlungen zwischen Karl und Venedig hören wir erst 803 zum ersten Mal.

[1]) Hertzberg, Griech. Gesch. I, 205.

[2]) Erchempert. cap. 5: Grimoalt neptem augusti Achivorum in conjugium sumpsit, nomine Wantiam.

3

wärend er die fernere Anerkennung der fränkischen Oberhoheit verweigerte [1]). Karl legte dieser Sache solche Wichtigkeit bei, dass er schon im Jare 793 zwei seiner Söhne,
Pipin und Ludwig, mit einem Heere gegen Benevent sandte [2]),
die aber jedenfalls nicht entschiedene Erfolge erzielten.

Wärend dessen jedoch bereitete Karl sich vor, gegen
Byzanz, das ihn aufs Neue gereizt, einen wirksamen Schlag
zu füren, dessen Künheit den Zeitgenossen völlig überraschend, ja unfasslich erscheinen musste, den er aber in
der Stille schon seit Jaren geplant hatte. Bereits im Jare
790 hatte Alcuin (wahrscheinlich auf Anregung des Königs)
eine Widerlegung der unter Assistenz und Beistimmung
päpstlicher Gesandter auf dem Concil von Nicaea (787)
gefassten ikonodulischen Beschlüsse abgefasst [3]). Im Jare
794 nun, auf der grossen Reichs- und Kirchenversammlung
zu Frankfurt ward officiell und öffentlich durch die ver-
sammelte Geistlichkeit Germaniens, Galliens, Aquitaniens
und Britanniens unter Vorsitz des Königs: das nicaenische
Concil für ungültig erklärt, seine Beschlüsse als durchaus
ketzerisch verdammt [4]). Hiemit masste der König nicht

---

[1]) Erchemp. 4: In suos aureos ejusque (Caroli) nomine aliquamdiu figurari placuit. Scedas vero similiter aliquanto jussit exarari
tempore. Reliqua autem pro nihilo jussit observanda; mox rebellio-
nis jurgium initiavit.

[2]) Ann. Laur. min. und Lauresh. 793 s. Strauss p. 34. Simson,
Jarbücher des fränk. Reiches unter Ludwig dem Frommen I, Exc. 1.

[3]) Simeon v. Durham 792. (Forschungen XII, 153): Karolus rex
Francorum misit synodalem librum ad Britanniam sibi a Constantinopoli directum. (Folgt der Inhalt desselben, betreffend die Bilderverehrung.) Contra quod scripsit Albinus epistolam — — illamque
cum eodem libro et persona episcoporum ac principum nostrorum
regi Francorum attulit. — Aus den Briefen Alcuins (Jaffé, Bibl. VI.
Mon. Alcuiniana) geht nun hervor, dass Alcuin schon 790 sich nach
Britannien begab (Epp. N. 15. 16), und es ist demnach anzunehmen,
dass er damals schon den Auftrag zur Abfassung der Widerlegungs-
schrift erhalten hatte, — um so mehr als die 792 schon fertig vor-
liegende Schrift jedenfalls längere Zeit zu ihrer Entstehung erfor-
dert haben muss.

[4]) Ausfürlich über die Frankfurter Synode: Gfrörer, Kirchenge-
schichte III, 621—638; Hefele, Conciliengesch. III, 651—673. Acten

nur der unter seinem Vorsitz abgehaltenen Synode die
oberste Entscheidung an, sondern wich auch in Sachen der
Orthodoxie von der Tradition der römischen Kirche, die
sich eben von Neuem noch auf dem nicaenischen Concil
ausgesprochen hatte, ab [1]); und unverkennbar nur aus politischen Gründen [2]): um die Griechen als gebannte Ketzer

---

der Frankfurter Synode Mon. Germ. Legg. I, 72 ff.: Mansi XIII, 863
—911; interessant p. 901 der Satz: — — tenet tertius libellus ortho-
doxam episcoporum et virorum venerabilium fidem, qui in Germa-
niae, Galliae, Aquitaniae et Britanniae partibus dignis Deo deser-
viunt officiis. Berücksichtigen wir die oben angefürte Stelle des
Simeon v. Durham und zugleich den 56. Punkt der (Mon. Germ.
Leg. I, 75) Beschlüsse der Frankf. Synode, nach welchem Alcuin
unter die Zal der Glieder der Synode aufgenommen wird,
so hat es viel Wahrscheinlichkeit, dass Alcuin als Vertreter der bri-
tannischen Kirche anwesend war und demgemäss unter den
„partes Britanniae" des obigen Satzes „Britannia major" zu ver-
stehen ist. — Ueber den Beschluss bezüglich der Bilderverehrung
berichten auch viele Annalen; besonders Laur. maj. (Fuld.), Einh.,
Lauresh.

[1]) Dass übrigens die Frankfurter Synode nicht auf Seiten der
Bilderstürmer getreten ist, sondern nur die Verehrung der
Bilder für ketzerisch erklärt hat, ist bekannt (s. die „Libri Caro-
lini" Alcuins bei Jaffé, Bibl. VI, 220—245). ·

[2]) Hiemit soll nicht geleugnet werden, dass der König sich bei
seinem Verfaren auf eine wirklich sachlich interessirte kirchliche
Oppositionspartei stützte, die jedenfalls in Britannien bestand
und vor Allem durch Alcuin vertreten wurde. Vielleicht hat auch
in der fränkischen Kirche eine derartige Partei existirt; denn die
Beschlüsse der Synode von Gentilly 767 sind nicht mit Sicherheit
als ikonodulische zu bezeichnen, wie Oelsner (Jarbücher p. 404) irrig
getan hat; s. Gfrörer, Kirchengesch. III, 574—576. (Die Canones
der Synode sind verloren, und der hiehergezogene Brief Pauls I.
vom Jare 767 an Pipin (Jaffé, Cod. Carol. N. 43) erwänt die Synode
gar nicht, so dass es sehr zweifelhaft scheint, ob der Papst schon
an die Beschlüsse derselben denkt, wenn er den König „orthodoxe
regum" nennt, zumal da die Synode erst im April gehalten ward,
Paul I. aber schon im Juni starb.) — — Bestand aber auch eine
kirchliche Oppositionspartei, so hat Karl sie doch jedenfalls zu
seinen politischen Zwecken benutzt; das bezeugt erstens der
Aufschub des ganzen öffentlichen Verfarens bis zum Jare 794,
und zweitens die völlige Vergessenheit, der die Frankfurter Be-

von jeder politischen Verbindung auszuschliessen. Demgemäss verlangte denn auch der König, Hadrian, dem er die Abhandlung Alcuins in Form eines königlichen Erlasses übersandte [1]), möge die Beherscherin des griechischen Reiches und die Cleriker, die sich an der von ihr geleiteten Synode beteiligt hatten, excommuniciren. Der Papst ward durch ein derartiges Verfaren, welches ihn zur Verleugnung seiner gesammten bisherigen Stellung zwingen wollte, aufs höchste bestürzt; allein er befand sich in dermassen kläglicher Abhängigkeit von dem Könige, dass er in demselben Antwortschreiben [2]), welches die Orthodoxie der Nicaener Beschlüsse lebhaft verteidigt, sich bereit erklärt, die Griechen nach vorgängiger nochmaliger Ermanung dennoch zu bannen, weil sie dem römischen Stul weder alle Bistümer seiner Diöcese wieder unterstellt, noch die Patrimonien zurückerstattet hätten. Jedoch haben wir kein Zeugniss dafür, dass die Excommunication wirklich erfolgt sei, und es ist dieselbe wol hauptsächlich deshalb unterblieben, weil Hadrian schon im nächsten Jare (795) starb und bereits 797 die diplomatischen Beziehungen zwischen Karl und Irene wieder aufgenommen werden.

Mit dem oben geschilderten Vorgehen gegen Byzanz mit dem neuen Kriege gegen Benevent, mit den immer

---

schlüsse anheimfallen, sobald das politische Verhältniss zu Irene ein friedlicheres wird. — — Strauss p. 36 u. 37 verkennt die politische Bedeutung der Synodalbeschlüsse gänzlich.

[1]) Das Schriftstück beginnt bekanntlich mit einer Invocatio und fährt darauf fort: incipit opus inlustrissimi et excellentissimi seu spectabilis viri, Caroli etc. etc. Doch sind sowol invocatio als Titel nicht die sonst in den Königsurkunden Karls gebräuchlichen.

[2]) Der Brief des Papstes: Mansi XIII, 759—810. Das Schreiben des Königs ist nicht erhalten. Dass das ganze Verfaren des letzteren auch direct gegen Hadrian gerichtet war, dessen Verhältniss zum Könige in den letzten Jaren seines Pontificates sich verschlechtert hatte, ist selbstverständlich; doch liegt die weitere Erörterung dessen unserer Aufgabe fern. Siehe Döllinger a. a. O. p. 338 ff. Das Antwortschreiben erwänt die Frankfurter Beschlüsse nicht; es ist daher wahrscheinlich, dass Karl schon vor Abhaltung der Synode jene „libri Carolini" an Hadrian gesandt hat.

fortdauernden Kriegen gegen die Avaren hängt es wol zusammen, dass Karl vor derselben Reichsversammlung den
seit 6 Jaren im Kloster verborgenen Tassilo wieder auftreten und scheinbar freiwillig auf Baiern verzichten liess
(Ann. Lauresham. 794), wodurch jede etwaige Hoffnung auf
Wiedereinsetzung und eventuelle neue politische Rolle desselben endgültig abgeschnitten ward [1]).

Nach diesen Ereignissen verstrichen noch drei Jare,
ohne eine Aenderung des unklaren Verhältnisses der beiden Reiche zu bringen. Erst im Jare 797 machte Byzanz
den Anfang zur Erneuerung der diplomatischen Beziehungen. Es kann das durchaus nicht befremden, wenn wir
erwägen, in welch schwierige, auf die Dauer unerträgliche
Lage das byzantinische Reich sowol durch die oben geschilderten, unentschiedenen und gefardrohenden Zustände
an den Reichsgrenzen als durch die letzten kirchlichen
Massregeln Karls gelangt war. Zudem hatte auch Grimoald
von Benevent seine Beziehungen zu Byzanz gelöst, sich von
seiner Gemalin geschieden [2]) (unter dem Vorwande, diese

[1]) Hier, wo wir die Betrachtung der Frankfurter Synode abschliessen, ist es notwendig auf eine neuerdings mehrfach hervor-
getretene Beurteilung derselben einzugehen, welche ihr eine noch
hervorragendere politische Bedeutung als die oben dargelegte zuschreibt, indem sie den Frankenkönig auf dieser Synode zum ersten
Mal kirchliche Machtstellung und Befugniss, die nur dem Kaiser
zukamen, beanspruchen lässt und ihm demgemäss die Absicht zuschreibt, die Welt auf die baldige Erneuerung des Kaisertumes gewissermassen vorzubereiten. Ich kann diese Ansicht nicht begründet
finden; denn der Vorsitz auf Kirchenversammlungen, die auch über
dogmatische Fragen entschieden, war auch schon von Pipin ge-
übt (z. B. in Gentilly 767) und von den Päpsten ihm (als „defensor
ecclesiae“) nie bestritten worden; das Auffallende an dem Verfaren
zu Frankfurt ist nur die Opposition gegen den Papst; diese
aber wäre auch durch die Kaiserwürde nicht gerechtfertigt
worden; sie ist ein einfacher Gewaltact. —

Auch die Berücksichtigung der britischen Kirche auf der Synode
scheint mir durch die eigentümliche Doppelstellung, welche Alcuin
einnahm, einfacher und natürlicher erklärt, als durch weitergehende
politische Absichten des Frankenkönigs.

[2]) Erchemp. cap. 5: In tantum enim odium primus eorum avidus

Verbindung reize die Franken allzu sehr), und suchte von
nun an, mit beiden Reichen im Kampfe [1]), seine Selbstständigkeit zwischen beiden zu behaupten, ein Verfaren,
das bei den fortwärenden fränkisch-griechischen Zwistigkeiten wol Erfolg zu versprechen schien und wenige Jare
später auch von den Dogen Venedigs, wenn auch mit anderen Mitteln, eingeschlagen wurde.

So völlig isolirt, sandte Kaiser Constantin V. im Jare
797 eine Gesandtschaft mit einem Schreiben an den Frankenkönig ab [2]). Ihre Aufträge können nur vorläufige, ein-
leitende gowcsen sein; denn erst eine zweite 798 erschei-
nende Gesandtschaft, die bereits von der wiederum zur
Alleinherrschaft gelangten Irene bevollmächtigt war, brachte
den definitiven Friedensschluss [3]) zu Stande, was aus der
Freilassung eines vornehmen Gefangenen, Sisinnius [4]), geschlossen werden muss. Die Bedingungen des Friedens

---

prorupit amor, ut, sumpta occasione Francorum circumquaque se re-
pugnantium, — — sponte eam a se sequestraret; — — ad proprios
lares eam vi transvexit. Hoc quidem callide licet egerit, efferitatem
tamen supradictarum barbararum gentium (i. e. Francorum) sedare
minime quivit.

Erchemp. gibt für diese Angabe allerdings keine Jareszal, setzt
sie aber vor die Ereignisse der Jare 801 und 802; in diesem Falle
muss sie aber auch vor den 797—98 abgeschlossenen fränkisch-
griechischen Frieden fallen, da sonst der Vorwand Grimoalds keinen
Sinn mehr gehabt hätte.

[1]) Wenigstens mit dem griechischen Lehensherzogtum Neapel
stand Grimoald im Kampfe; denn Erchemp. 7. sagt, dass Grimoald II.
808 bei seiner Thronbesteigung „Neapolitis gratiam pacemque do-
navit".

[2]) Ann. Laur. maj. und Einh. (Fuld.): Illuc et legatus Nicetae,
qui tunc Siciliam regebat, nomine Theoctistus, venit imperatoris
epistolam portans.

[3]) Ann. Laur. maj. 798: Erant legati Michahel, patricius quon-
dam Frigiae et Theophilus presbiter epistolam Herenae imperatricis
ferentes; — — haec tamen legatio tantum de pace fuit. Desgl.
Ann. Einh.; die Ann. Fuld. setzen die Gesandtschaft 799. Vgl.
Strauss a. a. O. p. 37. 38.

[4]) Ann. Laur. maj. 798: Quos cum absolvisset, absolvit etiam
cum eis Sisinnium etc.

bestätigten jedenfalls nur den faktischen Besitzstand; Benevent [1]) und Istrien [2]) verblieben dem Frankenreiche; dagegen ist Croatien damals noch unter Oberhoheit der Byzantiner belassen worden [3]). Der damals abgeschlossene Friede hat übrigens nicht alle Schwierigkeiten gehoben; nicht nur musste der Markgraf Erich von Friaul noch ferner gegen die Croaten kämpfen, wobei er selbst im Jare 779 umkam [4]), sondern auch ernstere Verwickelungen drohten in Anlass Siciliens zu beginnen. Stellen wir die abrupten Angaben, die uns über diesen Punkt vorliegen, zusammen, so finden wir, dass die Quellen nur Folgendes ausdrücklich berichten:

---

[1]) Dies wird dadurch bewiesen, dass Grimoald II., als er 808 den Kampf gegen beide Kaiserreiche aufgibt, ohne weitere Verhandlung eo ipso in den Verband des occidentalischen Reiches eintritt.

[2]) Dies beweist eine Urkunde vom Jare 803 (Sickel, Acta Caroli 188), in welcher Karl dem Patriarchen von Gradus die in Istrien belegenen Besitzungen seiner Kirche bestätigt. Nach Gfrörer, Byzant. Gesch. I, 89, hätte Karl die istrischen Seestädte Byzanz wieder überlassen. Aber aus Epp. Leonis N. 5 (Jaffé, Mon. Carol. p. 321) geht klar hervor, dass wenigstens Pola zum Westreiche gehört hat. Die Stelle bei Einh. V. C. 15 gestattet vollkommen, die Worte „exceptis maritimis civitatibus" nur auf Liburnien und Dalmatien, nicht auf Istrien zu beziehen.

[3]) s. Dümmler a. a. O. p. 384. besonders Anm. 5. Dümmler fürt aus „Paulini versus de Herico duce" eine Stelle an, welche Obiges zweifelhaft macht, da gesagt wird, Erich (der 799 starb) habe die Völker Dalmatiens gebändigt (domare). Aber dies kann sich nur auf einzelne siegreiche Züge beziehen, welche durch die Raubzüge der Croaten notwendig wurden, in deren letztem Erich jedoch 799 gefallen ist; denn Johannes Diaconus (Mon. Germ. Scriptt. VII, p. 13) beweist, dass Croatien 802 bei der Thronbesteigung des Nicephorus noch zum Ostreich gehörte: (Nicephorum) quidam tyrannus, Turcis nomine — — conatus est ad proelium provocare. Sed Augustus — — solum Tarsaticam (in Croatien) destruere potuit. Postmodum vero praedictus tyrannus, paenitens, quod contra imperiale numen aliquid nefas peregisset, — — suam adinvenit gratiam.

[4]) Ann. Laur. maj. 799: dux Forojulianus post tot prospere gestas res Ericus juxta Tarsaticam, Liburniae civitatem, insidiis oppidanorum oppressus est; Ann. Einh. 799, Vita Car. c. XIII.

1) dass 799 der neue Statthalter von Sicilien, Michael, einen Gesandten, Namens Daniel, an den König schickte, ohne dass derselbe kaiserliche Aufträge zu überbringen hatte [1]).

2) dass man zu Byzanz, als Karl im Jare 800 in Italien war, erwartete, er werde Sicilien mit einer Flotte angreifen [2]).

3) dass 801 der Spatarius Leo, von Geburt ein Sicilianer, zu Karl, als dieser noch in Rom weilte, floh und in dessen Schutze verharrte, bis 811 wiederum ein formeller vollständiger Friede zwischen den Kaisern des Ostens und des Westens geschlossen war [3]).

Hieraus glaube ich mit Döllinger [4]) schliessen zu dürfen, dass in Sicilien eine Partei bestand, welche Anschluss an das fränkische Reich wünschte, dass Karl dieser Partei zu willfaren und Sicilien zu occupiren gedachte. Diesen Plan jedoch musste er von dem Augenblicke an aufgeben, wo er durch die Usurpation der Kaiserwürde in die Lage versetzt ward, selbst sich um Frieden und Anerkennung von Seiten der Griechen zu bemühen, nachdem er seit Jaren nur völlige Gleichgültigkeit gegen Kriegs- oder Friedenszustand mit Byzanz an den Tag gelegt hatte [5]).

---

[1]) Ann. Laur. maj. 799: Legatus Michahelis, Siciliae praefecti, nomine Danihel, ad domnum regem venit, adque inde iterum cum magno honore dimissus est.

[2]) Theoph. A. 6293. p. 736: Κάρουλος ἐστέφϑη ὑπὸ Λέοντος τοῦ πάπα, καὶ βουληϑεὶς κατὰ Σικελίαν παρατάξασϑαι στόλῳ μετεβλήϑη.

[3]) Ann. Einh. 811.

[4]) a. a. O. p. 359. Darin freilich kann ich Döllinger nicht beistimmen, dass er die Verhandlungen zwischen Franken nnd Sicilianern schon 795 (?) oder 797 beginnen lässt, wärend der Gesandte doch 797 in kaiserlichem Auftrage kam. Strauss (p. 39—41) glaubt nicht, dass ein Anschlag auf Sicilien wirklich geplant war, da Karl keine genügende Flotte gehabt habe; aber über diesen Punkt war man in Byzanz doch gewiss unterrichtet und hätte unnützen Befürchtungen nicht Raum gegeben. — — Die sicilianische Gesandtschaft von 799 hatte nach Strauss nur den Zweck, die Einsetzung des neuen Statthalters Karl anzuzeigen.

[5]) Ich kann nicht finden, dass das Streben nach der Kaiserwürde

II. Beziehungen des fränkischen Reiches zum byzantinischen vom Beginn des neunten Jarhunderts bis zum Tode Karls des Grossen.

Als Karl der Grosse am Weihnachtsfeste des Jares 800 aus den Händen des Papstes die römische Kaiserkrone empfangen hatte, da war dieser Act der abendländisch-christlichen Welt, die in der Idee der Einheit und Einzigartigkeit des Imperium befangen war, nur unter der Voraussetzung verständlich und annehmbar, dass im orientalischen Reiche die Kaiserwürde erloschen sei, und somit überhaupt nirgends mehr bestehe als da, wo der Papst und das römische Volk sie nach ihrem Willen wieder erneuert hätten. Daher lesen wir auch in einer der bedeutendsten Chroniken jener Zeit [1]), dass die Beherschung des Ostreiches durch ein Weib und das „Aufhören des kaiserlichen Namens" Karl den Rechtsgrund für die Annahme des Kaisertitels gegeben habe. Dieser Gedankengang aber, wenn auch für die Untertanen des neuen Kai-

schon in den letzten Jaren vorher, wie Döllinger meint seit 797, Karls Politik gegenüber Byzanz beeinflusst habe. Döllinger vermutet (a. a. O. p. 341. 342), dass die Verhandlungen mit Byzanz von Karl in der Absicht aufgenommen wurden, um Irene und ihren Sohn zu vorläufiger Anerkennung der Kaiserwürde, die Karl anstrebte, zu bewegen. Aber die Quellen stellen die Verhandlungen als von Byzanz ausgehend dar. Ferner scheint mir auch unmöglich, was Döllinger p. 343 sagt, Karl habe (wol erst 798) von Irene die Anerkennung seiner selbst als Nachfolgers Constantins V. erlangen wollen; wie hätte Karl einen derartigen Erfolg auch nur als möglich voraussetzen können, nachdem Irene eben aus Herschsucht den eigenen Sohn gestürzt und geblendet hatte!!

[1]) Ann. Lauresh. 801. Ein interessantes Beispiel, wie man sich in ferneren Gegenden die Sache zurechtlegte, ist erhalten in dem (jedenfalls auf ältere Annalen zurückgehenden) Bericht des Simeon von Durham 800 (Forsch. XII; Pauli, Karl der Grosse in northumbrischen Annalen): Legati Graecorum — — — ad eum (Romam) veniebant, rogantes ut illorum regnum susciperet et imperium.

sers massgebend, konnte in Byzanz unmöglich als über-
zeugend erachtet werden, nicht einmal im gegenwärtigen
Momente, noch viel weniger aber, wenn, was doch bald
wieder eintreten musste, ein Mann die oströmische Krone
trug. Es war daher für Karl Notwendigkeit, einen Aus-
gleich mit Byzanz zu suchen, da jeder Streit um die Krone
sein Ansehen nur mindern konnte. Er liess daher von der
sicilischen Expedition ab, und erwartete, indem er so jede
Aufreizung vermied, die ersten Schritte der Kaiserin. Diese
aber war damals durch fortwärende Kriege mit Slaven und
Moslems nicht in der Lage, ihr Recht mit Energie zu verteidigen; ihre im Jare 802 bald nach Weihnachten (801)
in Aachen erschienene Gesandtschaft kann durchaus keine
entschiedene Sprache gefürt haben; denn es kam zu Verhandlungen, welche zur Folge hatten, dass der rückkehren-
den griechischen Gesandtschaft eine fränkische unter dem
Bischof Jesse von Amiens beigegeben ward, welche der
Kaiserin das Project einer Vermälung zwischen ihr
und Karl und somit einer — zum Mindesten nominellen
— Vereinigung beider Reiche vorlegen sollte [1]). Die Ge-

---

[1]) Ann. Einh. 802: Herena imperatrix de Constantinopoli misit
legatum, nomine Leonem, spatharium, propter pacem confirmandam
inter Francos et Graecos et imperator vicissim propter ipsum, abso-
luto illo, misit Jesse, episcopum Ambianensem et Helmgaudum comitem Constantinopolim, ut pacem cum ea statuerent; s. auch Ann.
Xant. und Guelferbytani.
  Theoph. A. 6294. p. 737: *Ἔφθασαν δὲ καὶ οἱ ἀποσταλέντες παρὶ
Καρούλου ἀποκρισιάριοι καὶ τοῦ πάπα Λέοντος πρὸς τὴν Εἰρήνην, αἰ-
τούμενοι ζευχθῆναι αὐτὴν τῷ Καρούλῳ πρὸς γάμον καὶ ἑνῶσαι τὰ ἑῷα
καὶ τὰ ἑσπέρια.*
  Es ist sehr wahrscheinlich, wie Strauss p. 42 und 43 ausfürt,
dass Irene „in den Instruktionen ihrer Gesandten bereits ihre Ge-
neigtheit zu einer Vermälung hatte durchblicken lassen"; vielleicht
ist auch, wie Theophanes A. 6293 angibt und auch Döllinger anzunehmen scheint, gleich nach der Krönung diese unter den damaligen
Umständen naheliegende Lösung der Schwierigkeiten von Karl ins
Auge gefasst worden. Denn Karl hätte durch die Vermälung mehr
gewonnen als die blosse Anerkennung seiner Kaiserwürde für das
occidentalische Reich; er wäre „der alleinige Träger der Idee" in
beiden Reichen geworden, wie Moltmann (Theophano, Gemalin

sandtschaften nahmen vermutlich ihren Weg über Rom, da sich ihnen Gesandte des Papstes Leo, der den gleichen Plan befürworten liess, angeschlossen haben. Sie trafen in Byzanz spätestens Anfang September 802 [1]) ein und fanden dort die Kaiserin ihrem Plane durchaus geneigt, aber durch den entschiedenen Willen des sie beherschenden Patricius Aëtius gehindert, diesem ihrem Wunsche zu folgen [2]). Die Verhandlungen zogen sich hin, und ehe sie zum Abschluss gelangt [3]), ward Irene vom Thron gestürzt und der Usurpator Nicephorus zur Kaiserwürde erhoben. Damit war der ganze Plan in Nichts zerfallen [4]) und die anfänglichen

---

Otto II. p. 7) zutreffend bemerkt. (An eine faktische einheitliche Regierung konnte freilich nicht gedacht werden.)

[1]) Theoph. sagt, die Gesandtschaft sei im Jare nach der Kaiserkrönung Karls eingetroffen; dieses lief nach byzantinischer Rechnung vom Sept. 801—Sept. 802. Die Chronologie ist hier durchaus nicht verworren, wie Strauss gemeint hat (p. 43. Anm. 1) und eine Differenz mit den Ann. Einh. nicht vorhanden.

[2]) Theoph. a. a. O.: (Εἰρήνη) ὑπήκουσεν ἄν, εἰ μὴ Ἀέτιος οὖτος ὁ πολλάκις ῥηθεὶς ἐκώλυσεν, παραδυναστεύων καὶ τὸ κράτος εἰς τὸν ἴδιον ἀδελφὸν σφετεριζόμενος.

[3]) Theoph. A. 6295. p. 742: ὄντων ἀκμὴν τῶν ἀποκρισιαρίων Καρούλου ἐν τῇ πόλει καὶ ὁρώντων τὰ πραττόμενα. — Obgleich Aëtius nur aus persönlichen Motiven handelte, war sein Vorgehen doch von hoher sachlicher Bedeutung für das Ostreich. Irene wollte, um ihre persönliche Stellung zu sichern, die Selbstständigkeit des Ostreiches durch die Vermälung mit Karl opfern; denn, da Constantin V. aus dem Wege geräumt war, so wäre die Succession in Byzanz zweifellos an Karls Nachkommenschaft gelangt. Indem Aëtius die Vermälung verhinderte, rettete er die Selbstständigkeit des Ostens.

[4]) Es ist mir sehr wol bekannt, dass dieser ganze Plan, weil nur von griechischer Seite berichtet, von vielen neueren Darstellern gänzlich übergangen worden ist. Allein es ist kein Grund vorhanden, des Theophanes Bericht in diesem Punkt anzuzweifeln; s. besonders Döllinger a. a. O. p. 355 u. Anm. 33; ferner Gfrörer a. a. O. p. 99; Strauss p. 43. Wäre das Project an der Weigerung Karls gescheitert (wie Gregorovius, Geschichte der Stadt Rom III, 13 es darstellt), so wäre das Schweigen der fränkischen Quellen allerdings auffallend; da aber Theophanes ausdrücklich sagt, dass der Vorschlag schliesslich von griechischer Seite zurückgewiesen wurde, so ist

Schwierigkeiten noch bedeutend vermehrt. Nicephorus
sandte zwar eine Gesandtschaft mit neuem Bündnissver-
trage sogleich an Karl ab; letzterer ging auf dem Reichstage zu Selz (803) auch auf die vorgeschlagenen Bedingungen ein und bekräftigte das betreffende Dokument mit
seiner Unterschrift [1]), sandte aber doch noch einen Brief
mit weiteren Forderungen an Nicephorus [2]). Auf diesen
aber antwortete Nicephorus nicht einmal, und der Kriegszustand zwischen beiden Reichen war wiederum eröffnet.
Nach dem ganzen Zusammenhange der Ereignisse kann es
nur die Verweigerung der Anerkennung von Seiten des
griechischen Kaisers gewesen sein, die eine Vereinigung
unmöglich machte [3]). So sah sich Karl, der schon auf

es durchaus erklärlich, dass den officiellen fränkischen Annalen
Schweigen über die Angelegenheit auferlegt worden ist.

[1]) Ann. Einh. und Fuld. 803; Sithienses 803: Pax inter Carolum
et Niciforum imperatorem per inscriptionem pacti confirmata. Der
von Andrea Dandolo (Muratori Scriptt. Ital. XII, 151) mitgeteilte
Vertrag gehört jedenfalls nicht in diesen Zusammenhang, sondern
stammt aus dem Jar 811 wegen der Stelle: maritimae civitates
Dalmatiae, quae in devotione Imperii (orientalis) illibatae perstiterant; die hier angedeutete Teilung Dalmatiens geschah erst 811.

[2]) Ann. Einh. und Fuld. 803; ferner Epp. Carolinae ed. Jaffé
N. 29. p. 394; Nicephoro imperatori: Ex tempore quo primo imperii
tui anno Michaelem — — longeva tui misit dilectio, — — longa
fuimus expectatione suspensi, — — quando scriptis nostris amabilis fraternitatis tuae responsa susciperem.

[3]) Ganz anders freilich sieht Gfrörer a. a. O. p. 99. 100 die oben.
geschilderten Verhandlungen an. Für seine Betrachtung tritt die
Anerkennungsfrage überhaupt völlig in den Hintergrund und
Karls Politik seit 785 soll nur auf die Erwerbung Venetiens mit den
complicirtesten Mitteln abgezielt haben! Demgemäss wäre bei dem
Vermälungsprojecte von 802 „See-Venetien gleichsam Erstling der
Aussteuer gewesen, welche die griechische Braut dem fränkischen
Bräutigam zubringen musste", und der Friedensvertrag von 803
„war eine Maske, um Nicephorus einzuschläfern und den Schlag
gegen See-Venetien, der eben im besten Zuge war, zu verhüllen".
Demgegenüber muss angefürt werden, dass aus den Quellen für keinerlei Beziehungen zwischen Karl und einer venetianischen Partei vor
803 irgend ein Beweis zu entnehmen ist, und dass ferner auch kein
Versuch, Venetien zu annectiren, nachgewiesen werden kann, ehe

Herschaft im Osten hatte hoffen dürfen, genötigt, gar um die Anerkennung seiner Herschaft im Westen noch kämpfen zu müssen.

Zunächst machte dieses neue Zerwürfniss sich in Bezug auf Venedig fülbar. Noch im Jare 803 erschien an Karls Hofe der Patriarch Fortunatus von Gradus [1]), welcher viel durch die Bedrückungen der venetianischen Dogen Mauricius und Johannes gelitten hatte und mit Recht hoffte, wenn er sich unter den Schutz des Westreiches stellte, nicht nur ausreichende Sicherung, sondern auch sonstige bedeutende Vorteile zu gewinnen. In der Tat erreichte er es, dass die lang ihm entzogenen istrischen Bistümer wieder seiner Oberhoheit unterstellt wurden; ferner erhielt er die Bestätigung der Immunität für die im Gebiete des Westreiches belegenen Ländereien seiner Kirche, sowie Befreiung vom Zoll für 4 Handelsschiffe [2]). Nach Erreichung

---

die venetianischen Dogen selbst ihre Unterwerfung anbieten. Dies ist auch völlig erklärlich, da Karl die Unmöglichkeit, Venedig auf die Dauer zu behaupten, leicht voraussehen konnte. Wie wenig ihm an diesem, momentan ihm zugefallenen, Besitze lag, erhellt auch daraus, dass er 812 Venetien als Aequivalent gegen die Anerkennung seiner Kaiserwürde freiwillig wiederum abtrat.

[1]) Venit quoque Fortunatus patriarcha de Graecis; diese nur in einer Handschrift der Ann. Einh. 803 enthaltene Nachricht ist gesichert durch Sickel, Acta Karolinorum. Urkunden Karls N. 188. 189.

[2]) Die Urkunde bei Andrea Dandolo, Muratori XII, 154, wird von Gfrörer p. 96 gewiss mit Recht auch auf die Bestätigung der Immunität der istrischen Bistümer gedeutet: (nos) ita concessisse et in omnibus confirmasse cognoscite, tum Episcopia quam et Synodochia vel ecclesias baptismales. [Im Uebrigen jedoch spricht das Privileg auch von, speciell dem Gradenser Stul gehörigen, Besitzungen in Istrien (nicht nur in der Romagna und Lombardei, wie Gfrörer meint): servi et coloni, qui in Terris suis commanent in Istria, Romandiola seu Longobardia etc. Es ist dies für das Verständniss späterer Privilegien von Wichtigkeit.] S. ferner Sickel, Regesta Car. N. 188. 189. — Beweisend ist ferner der Brief Leos III. von 806 oder 7 bei Jaffé, Mon. Carol. p. 321: Pola, quae et dioecesis praedicti Fortunati archiepiscopi (Gradensis) existit. Ein deshezüglicher päpstlicher Erlass existirt nicht; denn nach kirchlichem Recht hatten die Bistümer bereits zu Gradus gehört; Karl

dieser Vorteile kehrte der Patriarch über die Alpen zurück, fand jedoch die Verhältnisse in Venedig gänzlich verändert. Eine Adelsfaktion, deren Häupter die Tribunen Obellierius und Felix waren, hatte, unzufrieden mit dem Regiment der beiden oben genannten Dogen, schon mit dem Patriarchen zusammen Venedig verlassen und darauf eine beobachtende Stellung zu Treviso eingenommen. Jetzt (804) von ihren zurückgebliebenen Parteigenossen aufgefordert, unternahmen sie einen Handstreich gegen Venedig, bemächtigten sich der Stadt, vertrieben die Dogen und setzten an deren Stelle Obellierius und dessen Bruder Beatus als Dogen ein [1]). Unter dem neuen Regiment trat eine entschiedene Aenderung der Stellung Venedigs ein, welches bisher einfach dem byzantinischen Reich sich unterstellt hatte. Nach einem ersten Versuche, durch Anerkennung der Oberhoheit des weströmischen Kaisers sich zunächst der byzantinischen Herrschaft zu entziehen, erfolgte ein listiges Doppelspiel der Dogen, die sich nach beiden Seiten hin zu decken, nirgends sich zu binden suchten, auf deren ganze Politik sich anwenden lässt, was Döllinger über die letzte Phase derselben sagt [2]): „Sie gaben sich alle Mühe

erkannte dies aber erst jetzt faktisch an, indem er das Bestätigungsdiplom ihrer Immunität an Fortunat richtete.

[1]) Joh. Diac. (Scriptt. VII; p. 13): Quem (Fortunatum) etiam secutus est, quidam tribunus Obellierius nomine Metamaucensis, Felix tribunus et nonnulli alii Veneticorum majores. Ex quibus solus patriarcha in Franciam ivit. Ceteri omnes vero remanserunt in quadam civitate non procul a Venetia, nomine Tervisii; — p. 14: ibique non diutius degentes, consilio illorum ammoniti, qui in Venetia morabantur, Obellierium tribunum ducem elegerunt.

Gfrörer I, 80. 101. sieht in dieser Umwälzung den Sieg der von Fortunat und Obellierius geleiteten fränkischen Partei: „als Werkzeug und Vasalle der Franken zog Obellierius ein". Aber dies ist unmöglich; denn in diesem Falle hätten die beiden gestürzten Dogen nicht ins Frankenland flüchten können, wie doch Gfrörer selbst p. 100 nach Andrea Dandolo (Muratori XII, 153) erzält; zwischen Fortunat und Obellierius bestand keinesfalls eine Verbindung, da der erstere gleich nach seiner Rückkehr mit der neuen Regierung in erbitterte Streitigkeiten geräth und bald vor ihr flüchtet.

[2]) a. a. O. p. 357.

die Kriegsflamme (zwischen beiden Kaiserreichen) zu nären, da ein Friede sie sicher der Botmässigkeit Karls oder der Griechen unterworfen haben würde". Was Grimoald in Benevent mit Aufbietung aller Kräfte in energischem Kampfe zu erringen sucht, die Selbstständigkeit seines kleinen Staates inmitten beider Grossmächte, das erstreben hier die Dogen mit allen Mitteln der Intrigue, die nicht einmal den Verrat der eigenen Genossen scheut [1]).

Zunächst unternahmen die Dogen zur Einleitung ihrer weiteren Pläne eine Seeexpedition gegen die dalmatinischen Städte [2]), durch welche sie diese zum Anschluss an ihr Vorgehen nötigten. Ende 805 unternahmen sie darauf, in Gemeinschaft mit dem Herzoge Paulus und Bischofe Donatus von Zara, als Vertretern der dalmatinischen (romanischen) Küstenstädte eine Reise zu Karl dem Grossen, an dessen Hofe sie bald nach Weihnachten eintrafen [3]). Venetiens und Dalmatiens Seestädte huldigten dem Kaiser des Westens; mit Venedig zugleich verpflichteten sich, wie es scheint, auch die Croaten zur Anerkennung der Ober-

---

[1]) Aus der gesammten wechselnd-schwankenden Politik der Dogen geht mit Evidenz hervor, dass sie weder einer ausgeprägt fränkischen noch entschieden byzantinischen Partei angehörten. Ob ihre zweideutige Politik nur aus dem Bestreben einer herschsüchtigen Adelsfaktion, sich an der Spitze der Herrschaft zu behaupten, entsprang, oder ob sie aus dem patriotischen Entschlusse hervorvorging, die Selbstständigkeit Venedigs nach beiden Seiten hin zu erkämpfen, diese Frage vermögen wir nach den dürftigen Berichten, die uns vorliegen, nicht zu entscheiden.

[2]) Joh. Diac. p. 14: Deinde praedicti duces navalem exercitum ad Dalmatiarum provinciam depopulandam destinaverunt; s. Gfrörer p. 102: „Das Unternehmen gegen Dalmatien muss eine der Bedingungen gewesen sein, unter denen er (Obellierius) von Karl auf den herzoglichen Stul befördert worden war"!

[3]) Ann. Einh. 806: Statim post natalem domini venerunt Willeri et Beatus, duces Venetiae, necnon et Paulus dux Jaderae atque Donatus ejusdem civitatis episcopus, legati Dalmatarum, ad praesentiam imperatoris cum magnis donis; et facta est ibi ordinatio ab imperatore de ducibus et populis tam Venetiae quam Dalmatiae. — Joh. Diac. verschweigt diese ganze Unterwerfung s. Gfrörer a. a. O. p. 106. 107.

hoheit des Westreiches [1]), so dass nun die gesammte dalmatische Küste und der von den Croaten bewonte nördliche Teil des Binnenlandes [2]) Karl unterworfen waren. Leider fehlt es uns über die Bedingungen der Unterwerfung an jeder Nachricht [3]); jedenfalls scheint dieselbe nur eine nominelle gewesen zu sein [4]), wenn auch ein Bestätigungsrecht bezüglich der Fürstenwal vorbehalten ward [5]).

Versuche zur Wiedereroberung der verlorenen Territorien wurden von den Griechen erst im Sommer 807 begonnen. Eine byzantinische Flotte, befehligt von dem Admiral Nicetas, erschien in den venetianischen Gewässern, begann jedoch, da sie auf keinen Widerstand von Seiten der Franken stiess, mit Venedig in Verhandlungen zu treten. In der Tat liessen sich die Dogen durch die ihnen zu Teil gewordenen Ehrenbezeugungen bestimmen (Obellierius wurde zum Spatarius ernannt), sich Byzanz wiederum

---

[1]) Das Jar ist freilich nicht genau zu bestimmen; sicher ist nur, dass Turcis, Fürst von Tersatto, sich noch nach 803 Nicephorus gefügt hat (Joh. Diac. p. 13) und andererseits, dass der Anschluss an das Westreich vor dessen Friedensschlusse mit dem griechischen Reiche (810) erfolgt sein muss; s. auch Gfrörer, Byzant. Gesch. II, 53. 54. — Die Tatsache der Unterwerfung bezeugen: Vita Caroli 15, wo unter Karls Eroberungen auch „Liburnia und Dalmatia" angefürt werden; Ann. Einh. 817: pertinet ad Cadolaum (marchionem) Dalmatinorum confinium cura; Const. Porphyrog., De administratione imperii. Ed. Bonnensis p. 144: μέχρι δὲ χρόνων τινῶν ὑπετάσσοντο καὶ οἱ ἐν Δελματίᾳ ὄντες Χρωβάτοι τοῖς Φράγγοις.

[2]) Von den Seestädten waren nur sehr wenige von Croaten bewont, z. B. Tersatto.

[3]) Wenn Const. Porphyrog. a a. O. p. 128 sagt: οἱ τε Χρωβάτοι καὶ Σέρβλοι καὶ Ζαχλοῦμοι etc. etc. τῆς τῶν Ῥωμαίων βασιλείας ἀφηνιάσαντες γεγόνασιν ἰδιόρυθμοι καὶ αὐτοκέφαλοι, τινὶ μὴ ὑποκείμενοι, — — so sind die Croaten wol nur durch ein Versehen mit den ihnen benachbarten süddalmatinischen Völkern zusammengewürfelt worden.

[4]) Dümmler a. a. O. sagt: „Ihre Verpflichtungen werden sicherlich in nichts anderem bestanden haben, als in der Anerkennung der fränkischen Oberhoheit und in der Darbringung freiwilliger Geschenke".

[5]) Dies geht hervor aus Ann. Einh. 821; s. Gfrörer II, 56.

zu unterwerfen und Geiseln zu stellen; ja sie gingen so
weit ihren eigenen ehemaligen Genossen, den Tribun Felix,
dem griechischen Kaiser auszuliefern, der ihn bald darauf
verurteilte. Unter diesen Umständen fülte auch der Patriarch Fortunatus, der ja in so nahen Beziehungen zu
dem Kaiser des Westens stand, ausserdem sich mit den
Dogen wegen Besetzung eines Bischofsstules entzweit hatte,
sich nicht mehr sicher; er entfloh zu Karl, der ihm darauf, im Einverständniss mit dem Papste, Pola als Metropo-
litansitz anwies. Allem diesem sah Pipin, der König Italiens, den der Kaiser mit Fürung dieses Krieges beauftragt
hatte, untätig zu, ja er schloss sogar mit Nicetas einen
Waffenstillstand, der bis zum August des Jares 808 gültig
sein sollte, vermutlich in der Absicht, diese Zeit zur Ver-
stärkung seiner schwachen, für einen Krieg mit Byzanz
nicht genügenden Flotte zu benutzen. Nicetas kehrte hierauf nach Constantinopel zurück, begleitet von dem Dogen
Beatus, welcher von dort den Titel eines Consuls ($\H{v}\pi\alpha\tau o\varsigma$)
nach Venedig zurückbrachte [1]).

Nach Ablauf der Waffenruhe erschien zu Ende des
Jares 808 wiederum eine byzantinische Flotte vor Venedig
und überwinterte daselbst. Im Anfang des nächsten Jares
griff ihr Befehlshaber Paulus die an der Küste der Romagna gelegene, stark befestigte Insel Comiaclum (Comacchio)

---

[1]) Ann. Einh. 807: Niceta patricius, qui cum classe Constantino-
politana sedebat in Venetia, pace facta cum Pipino rege, et indutiis
usque ad mensem Augustum constitutis statione soluta Constantinopolim regressus est. Dass der August 808 gemeint ist, erhellt daraus, dass die Feindseligkeiten tatsächlich erst zu Ende dieses Jares
wieder beginnen; der Vertrag wurde jedenfalls erst zu Ende 807
abgeschlossen. Bezüglich der venetianischen Verhältnisse s. Joh.
Diac. p. 14, aus dem auch fernerhin die Darstellung geschöpft ist,
da sein Bericht dem des viel späteren Andr. Dandolo weit vorzu-
ziehen ist. Bezüglich des Patriarchen Fortunatus s. Epp. Leonis
N. 5 bei Jaffé, Mon. Carol. p. 321. Mit Venedig zusammen unter-
warfen sich natürlich auch die dalmatinischen Seestädte dem griechischen Kaiser. Ausfürlich dargestellt sind diese Verhältnisse bei
Gfrörer I, 107—110.

an, wurde aber zurückgeschlagen [1]). Durch diesen Misserfolg veranlasst, knüpfte er, wie es scheint ohne Autorisation von Seiten des Kaisers [2]), Friedensverhandlungen mit Pipin an. Diese hintertrieben jedoch die beiden Dogen auf die schon oben gekennzeichnete intriguante Weise [3]); sie konnten in der Tat durch jeden Friedensschluss, welcher sie aus der von beiden Seiten umworbenen Stellung hinausdrängte, nur verlieren, und trieben daher ihre Agitation gegen die Politik des Paulus so weit, dass sie ihn selbst durch Verrat aus dem Wege zu räumen suchten. Der byzantinische Feldherr, hierüber zur Klarheit gelangt, beschloss die Stadt schutzlos der Rache des Königs von Italien zu überlassen und seine Verteidigung auf Dalmatien zu beschränken. Mit grosser Energie griff darauf Pipin die Stadt von der Land- und der Seeseite an; sechs Monate dauerte die Belagerung; Insel für Insel musste einzeln erstürmt werden; der letzte Hauptsturm auf den Rialto scheiterte; dennoch ergaben sich die Veneter zuletzt durch die Not der langen Belagerung gezwungen; sie mussten sich zur Strafe ihres Abfalles zur järlichen Zalung eines sehr bedeutenden Tributes verpflichten; welche Massregeln bezüglich der beiden Dogen getroffen wurden, wird uns nicht berichtet; jedenfalls verblieben sie in Karls Machtbereich [4]).

---

[1]) Die Geschichte dieser Kriegsjare hauptsächlich bei Einh. Ann. 809. 810: Classis de Constantinopoli missa primo Dalmatiam deinde Venetiam appulit; cumque ibi hiemaret, pars ejus Comiaclum insulam accessit commissoque proelio contra praesidium, quod in ea dispositum erat, victa atque fugata Veneciam recessit. Nach Gfrörer I, 111 soll Comacchio nicht von Truppen Pipins, sondern von venetianischen besetzt gewesen sein; denn die Stadt müsse ihnen „als Preis des Widerstandes gegen den Griechen von König Pipin eingeräumt sein". Aber die Quellen wissen durchaus nichts von Verhandlungen zwischen Pipin und den Dogen in den Jaren 807 und 808, noch wird uns von Widerstand berichtet, den die Dogen den Griechen leisten. Der „Spatarius" Obellierius und der „Consul" Beatus blieben in jenen Jaren ruhig Untertanen der Griechen.

[2]) Ann. Einh. 809: „quasi hoc sibi esset injunctum".

[3]) Döllinger a. a. O. p. 357.

[4]) Ann. Einh. 809: Dux autem, qui classi praeerat, nomine Pau-

Weitere Vorteile indess auch in Dalmatien zu erringen, ward Pipin durch die bei Cephalenia stationirte Flotte
des Paulus gehindert, welche sofort herbeieilte und vor
deren Uebermacht der König sich in die italienischen Hä-
fen zurückziehen musste [1]).

Nicht lange jedoch sollte Venedig im Besitz des Westreiches bleiben; denn die Friedensverhandlungen, welche
schliesslich seine Rückgabe zur Folge hatten, begannen
noch im Jare seiner Eroberung. Kaiser Nicephorus tat den
ersten Schritt zu denselben, vermutlich um freie Hand gegen die Bulgaren zu haben; er sandte den Spatar Arsafius

---

lus, cum de pace inter Francos et Graecos constituenda, quasi hoc
sibi esset injunctum, apud Pipinum, Italiae regem, agere moliretur,
Wilhareno et Beato, Veneciae ducibus, omnes inchoatus ejus impe-
dientibus atque ipsi etiam insidias parantibus, cognita illarum fraude
discessit. — 810: Interea Pipinus rex, perfidia ducum Veneticorum
incitatus, Venetiam in bello terra marique jussit appetere, subjecta-
que Venetia ac ducibus ejus in deditionem acceptis. Ferner Const.
Porph. a. a. O. p. 124: παρεκάϑισαν αὐτοὺς διὰ τῆς ξηρᾶς μῆνας ἕξ;
— — ἐπὶ πολὺ δέ βιασϑέντες οἱ Βενετικοὶ ἀπὸ τῆς γεγονυίας ὀχλή-
σεως πρὸς αὐτοὺς ἐποιήσαντο εἰρηνικὰς σπονδὰς πρὸς τὸν ῥῆγα Πι-
πῖνον τοῦ παρέχειν αὐτῷ πλεῖστα πάκτα. — — Joh. Diac. p. 14 u. 15
ist hier völlig parteiisch und neben den genannten beiden gleichzeitigen Berichten völlig wertlos; er berichtet nur ausführlich von
dem Misslingen des Sturmes auf den Rialto, verschweigt aber die
schliessliche Unterwerfung Venedigs völlig, wie er auch die von 806
verschwiegen hat.

Gfrörer I, 116—118 zieht allerdings willkürlicher Weise den
Bericht des Joh. Diac. vor und behauptet demnach, dass Venedig
nicht von Pipin unterworfen worden sei; allein er fürt als Beweis
nur an, dass Karl, falls er nach so langen Bemühungen Venedig
unterjocht hätte, es nicht (wie Einhard später berichtet) wieder Byzanz zurückgegeben hätte. Hiebei bleibt jedoch, wie durchgängig
bei Gfrörers Darstellung, unberücksichtigt der Wert, den Karl auf
die Anerkennung seiner Kaiserwürde legte, welch letztere er eben
durch den Verzicht auf Venedig sich später von Michael I. erwarb.

[1]) Ann. Einh. 810: (Pipinus) classem ad Dalmaciae litora va-
standa misit. Sed cum Paulus Cephaleniae praefectus cum orientali
classe ad auxilium Dalmatis ferendum adventaret, regia classis ad
propria regreditur. Von einer Niederlage, welche, wie Gfrörer p.
115 meint, Pipins Flotte erlitten, ist uns nichts berichtet.

zu Pipin; da jedoch dieser kurz vor Eintreffen der Gesandten gestorben war (Juli 810)[1]), so zogen dieselben auf Einladung des Kaisers über die Alpen und trafen im Jare 810 in Aachen ein. Ihre Vorschläge lauteten friedlich, und obgleich die Anerkennung der Kaiserwürde von ihnen nicht ausgesprochen war, ergriff Karl, dem vermutlich nach dem Tode seines Sohnes viel an Beendigung des Krieges gelegen war, dennoch die Gelegenheit, wieder in diplomatische Beziehungen zu Byzanz zu treten, indem er ein in fast übertriebenem Tone überschwänglicher Freude gehaltenes Schreiben an Nicephorus verfassen und diesem durch den Bischof Heido von Basel und zwei andere Gesandte überbringen liess. Die eigentlichen Friedensbedingungen, welche Karl vorschlug, sind in dem Briefe nicht enthalten; aus den späteren Ereignissen lässt sich jedoch schliessen, dass er sich bereit erklärte, auf das in seinem Besitz befindliche Venetien gegen Anerkennung seiner Kaiserwürde zu verzichten. Mit letzterem Anerbieten hängt es wol auch zusammen, dass Karl den Dogen Obellicrius (von Beatus ist nicht die Rede) als Verräter dem byzantinischen Kaiser durch seine Gesandten ausliefern liess[2]). Die inneren Ver-

---

[1]) Ann. Einh. 810.

[2]) Hauptquelle für diese Verhandlungen ist der Brief Karls an Nicephorus, Jaffé epp. Carol. N. 29. p. 393: Legatum fraternitatis tuae, quem ad bonae recordationis filium nostrum Pipinum regem misistis, Arsafium scilicet gloriosum spatarium, — — benigne atque honorifice suscepimus. — — Nec inmerito cum tanta esset non solum in literis, quas attulit, sed etiam in verbis, quae ex ore illius nostris auribus insonuerunt, optatae ac semper optandae pacis copia, ut etc. — — Propter quod — — oportune eum ad nostram praesenciam venire fecimus; maxime tamen, quod hic, ad quem illum missum esse constabat, — — Pipinus rex — — jam excesserat neque nos illum cum infecto negotio tanto — — vacuum reverti pati potuimus. — — Ann. Einh. 810: Imperator Aquasgrani — — pacem cum Niciforo imperatori fecit; nam Niciforo Veneciam reddidit. — 811: Pacis confirmandae gratia legati Constantinopolim ab imperatore mittuntur, Haido episcopus Baslensis etc. etc. — — et cum eis — — Willeri, dux Veneticorum, — — propter perfidiam honore spoliatus Constantinopolim ad dominum suum duci jubetur. Cf. Ann. Fuld. 810. 11; Ann. Xant. 811.

hältnisse Venedigs wurden darauf durch den kaiserlich griechischen Bevollmächtigten Ebersapius (Arsafius?) geordnet; Fortunatus wieder in das Patriarchat eingesetzt; mit Zustimmung des Volkes ein neuer Doge, Agnellus, erhoben; die bisherigen Dogen des Landes verwiesen, und der eine in Constantinopel, der andere in Zara internirt [1]).

Unterdess war in Byzanz ein Herscherwechsel vor sich gegangen. Nicephorus war im Juli 811 gestorben, und sein Nachfolger, der unbedeutende Michael I. [2]), gewärte dem Franken, was jener so lange versagt hatte, den kaiserlichen Titel ($\beta\alpha\sigma\iota\lambda\epsilon\dot{\upsilon}\varsigma$ statt des früheren $\dot{\varrho}\bar{\eta}\xi$). Auch im Verhältniss zum Papste zeigte er seine Nachgiebigkeit; er

---

[1]) Joh. Diac. p. 15: Fortunatus dehinc ad propriam sedem reversus est. — Nuntius Constantinopolitanus nomine Ebersapius — Venetiam adivit et Veneticorum auxilio et virtute hoc peregit, ut utrique duces dignitatem et patriam amitterent. Unus, id est Obellierius, Constantinopolim, alter Jateram petivit.

Gfrörer (p. 113—116) verlegt die Ersetzung des Obellierius und Beatus durch Agnellus bereits in die Zeit vor dem Feldzuge Pipins gegen Venedig. Abgesehen davon, dass diese Darstellung in striktem Widerspruche zu den Quellen steht, der auch dadurch nicht gehoben wird, dass Einhard nichts von der geschehenen Umwälzung gewusst haben soll (!), ist sie auch in sich selbst unhaltbar, weil Obellierius bis zum Friedensschlusse Karls sich notorisch nicht in byzantinischen, sondern in fränkischen Händen befunden hat und erst nach seiner Auslieferung an den Kaiser des Ostreichs mit der erwänten Landesverweisung bestraft worden ist (s. oben). Er war somit zweifellos bei der Uebergabe Venedigs in Pipins Hände gefallen. Die Schwierigkeit, welche Gfrörer zu diesem Auskunftsmittel veranlasst hat, verschwindet übrigens bei unbefangener Betrachtung. Denn wenn er p. 116 sagt: „Die Herzöge verleiten den König von Italien zum Angriff und nachher müssen sich dieselben Herzöge an Pipin ergeben. Das ist Unsinn", so ist eben die Prämisse, dass die Herzöge Pipin dazu verleitet hätten, eine falsche; wie ich schon oben gezeigt, sind die Herzöge nach ihrer Unterwerfung von 807 nicht mehr von Byzanz abgefallen; und die Worte Einhards: „perfidia ducum incitatus" habe Pipin angegriffen, sind nicht, wie Gfrörer p. 115 tut, zu übersetzen: „Verfürt durch die Treulosigkeit der Herzöge", sondern „angestachelt" durch dieselbe, d. h. durch ihren 807 geschehenen Abfall.

[2]) s. Hertzberg, Griechische Geschichte I, 216.

gestattete dem Patriarchen von Constantinopel wieder, was Nicephorus stets untersagt hatte, in officiellen Verkehr mit Leo III. zu treten [1]).

Als Gesandte sowol an Karl als an Leo III. sandte Michael I. wiederum den Arsafius mit zwei anderen Bevollmächtigten ab, welche zunächst nach Franken zogen [2]) und in Aachen, nachdem sie den Kaiser öffentlich als „βασιλεύς" begrüsst und beglückwünscht [3]), die Unterzeichnung der Friedensurkunde von Karl erlangten. Die Bedingungen, die in derselben enthalten waren, müssen wir uns aus verschiedenen, einzeln zerstreuten Angaben zusammensetzen. Zunächst erhält Karl (ausser der Anerkennung seiner Kaiserwürde) das Binnenland von Dalmatien [4]), d. h. das Land der Croaten, welche sich ja im Jare 806 ihm unterstellt hatten. Uebrigens sagt Gfrörer [5]) mit Recht, dass diese Abtretung ein Scheinopfer war, dass man fränkischer Eitelkeit brachte; Dalmatien hat ohne die Seeplätze keinen Wert. — — Bezüglich Venetiens wurden verschiedene Specialbestimmungen getroffen; Michael I. gestand zu, dass es, unbeschadet seiner Zugehörigkeit zum Ostreiche, den

---

[1]) Theoph. A. 6304. p. 770: Καὶ Νικηφορος ὁ ἁγιώτατος πατριάρχης ἀπέστειλε συνοδικὰ γράμματα πρὸς Λέοντα, τὸν ἁγιώτατον πάπαν Ῥώμης· προ τούτου γὰρ ἐκωλύετο ὑπὸ Νικηφόρου τούτου ποιῆσαι.

[2]) Theoph. a. a. O.: ἀπέστειλεν δὲ πρὸς τὸν Κάρουλον βασιλία τῶν Φράγγων περὶ εἰρήνης καὶ συναλλαγῆς εἰς Θεοφύλακτον τὸν υἱὸν αὐτοῦ. Die letzten Worte gibt die lateinische Uebersetzung wieder, wie folgt: de matrimonio cum Theophylacto ejus filio ineundo; der Brief Karls an Michael I. weiss jedoch nichts von einem solchen Plan, und ich glaube, dass „συναλλαγή εἰς" hier ebenso wie p. 718 „συναλλαγὴ πρός" nur mit „Bündniss" zu übersetzen ist. Die gewünschte Erwänung des Prinzen im Friedensvertrage erklärt sich daraus, dass Michael ihn zum Mitkaiser krönen lassen wollte, was auch schon im Dezember geschah.

[3]) Ann. Einh. 812: Aquisgrani laudes ei dixerunt, imperatorem et basileum appellantes.

[4]) V. C. Einh. cap. 15: Dalmatiam exceptis maritimis civitatibus — — perdomuit. Andr. Dandolo. Murat. XII, 151; maritimae Civitates Dalmatiae, quae in devotione Imperii (orientalis) illibataə perstiterant.

[5]) I, p. 119.

Königen Italiens einen Tribut zalen solle[1]). Diese Bestimmung wird verständlich, wenn wir berücksichtigen, dass Venedig auch Besitzungen auf dem Festlande besass, die zum Gebiete des Westreiches gehörten und bezüglich derer die Venetianer mit den Königen Italiens Spezialverträge bis ins 10. Jarhundert[2]) abzuschliessen pflegten. Dem gegenüber wurden nun aber Venedig und den dalmatinischen Seestädten volle Handelsfreiheit und Schutz ihrer bisherigen Besitzungen und Vorrechte im Westreiche zugesichert[3]), und hiemit die Bedeutung Venedigs als einer den Westen und Osten gleichermassen beherschenden Handelsmacht endgültig festgestellt[4]).

Dies waren die Hauptbestimmungen der Vertragsurkunde; um ein ihr gleichlautendes, von dem griechischen Kaiser unterschriebenes Exemplar in Empfang zu nehmen, wurden der Bischof Amalhar von Trier und ein Abt Petrus mit einem Briefe des Kaisers nach Byzanz abgesandt. In diesem Briefe wird zum ersten Mal der Ausdruck „orientale et occidentale imperium" von Karl gebraucht und die Befestigung des Friedens zwischen beiden mit Befriedigung erwänt[5]). Den Rückweg nahmen die byzantinischen Ge-

---

[1]) Const. Porphyr. p. 124 (nachdem er erzält hat, dass Pipin Venedig einen Tribut auferlegt): ἔκτοτε δὲ καθ᾽ ἕκαστον χρόνον ἠλάττωτο τὸ πάκτον, ὅπερ καὶ μέχρι τῆς σήμερον (10. Jarhundert) σώζεται· τελοῦσι γὰρ οἱ Βενετικοὶ τῷ κατέχοντι τὸ ῥηγάτον Ἰταλίας ἤτοι παπίας λίτρας 36, s. Dümmler a. a. O. p. 387.

[2]) s. über diese Verträge: Le Bret, Staats- und Rechtsgeschichte der Republik Venedig I, 178. 183—184. 188—190. 197. Gfrörer I, 182. 209—212. 251.

[3]) Andrea Dandolo, Muratori XII, 151: — — quod Venetiae urbes et maritimae civitates Dalmatiae — — ab Imperio Occidentali nequaquam debeant molestari invadi vel minorari, et quod Veneti possessionibus libertatibus immunitatibus quas soliti sunt habere in Italico regno pacifice perfruantur.

[4]) Ueber die Bedeutung dieses Handelsvertrages für Venedig handelt erschöpfend: Gfrörer I, 133—136; dagegen übergeht er die Festsetzung des Tributes.

[5]) Epp. Carol. N. 40. Jaffé p. 415: (Deus) pacem inter orientale atque occidentale imperium stabilire et ecclesiam suam — — in

sandten über Rom, wo sie von Leo III. gleichfalls eine Friedensurkunde erhielten [1]).

Zugleich mit diesen Friedensschlüssen [2]) ward auch der fortwärende Kriegszustand mit Benevent endlich beendet. Der dort zur Regierung gelangte Herzog Grimoald II. war durchaus friedlichen Sinnes, und schloss zuerst mit den Griechen, darauf mit den Franken Frieden [3]). Freilich musste das Herzogtum Benevent seine fast zwanzigjärige Unbotmässigkeit gegen Karl sehr schwer büssen; das Herzogtum ward um das Gebiet von Teate vermindert [4]) und musste eine Zalung von 25000 Goldsolidi leisten [5]). Bald darauf ward auch der frühere järliche

---

nostro tempore adunare atque pacificare dignatus est. — — Legatos nostros direximus, ut juxta quod fideles legati nobiscum fecerunt, suscipiendo a nobis pacti conscriptionem tam nostra propria et sacerdotum et procerum nostrorum subscriptione firmatam, ita et memorati legati nostri foederis conscriptionem tuam — — roboratam — — suscipiant.

[1]) Ann. Einh. 813: (Legati) revertendo Romam venientes, cundem pacti seu foederis libellum a Leone papa denuo susceperunt.

[2]) Der formelle Abschluss derselben hat sich übrigens noch eine Zeit lang hingezogen. Amalhar und Petrus fanden bei ihrer Ankunft in Byzanz bereits Kaiser Leo herschend; dieser musste nun eine neue Urkunde ausstellen, zu deren Bestätigung durch Karl er eine neue Gesandtschaft abschickte (Ann. Einh. 814, Xant., Fuld.), welche zugleich den Kaiser um Hülfe gegen die Bulgaren ersuchen sollte (Ann. Laur. min. 814), von denen das Ostreich damals sehr bedrängt war (Hertzberg I, 216). Bei Eintreffen dieser Gesandtschaft sass aber schon Ludwig der Fromme auf dem Thron, der daher eine neue Urkunde ausstellen musste, durch deren Bestätigung darauf Kaiser Leo endlich den Vertrag vollgültig abschloss (Ann. Einh. Fuld. 815; Xant. 816).

[3]) Erchemp. cap. 7: Grimoalt alter — — vir quoque sat mitis et adeo suavis, ut non solum cum Gallis, verum etiam cum universis circumquaque gentibus constitutis pacis inierit foedus, et Neapolitis supra memoratis gratiam pacemque dedit.

[4]) Erchemp. cap. 5: Tellures Teatensium et urbes a dominio Beneventanorum subtractae sunt usque in praesens.

[5]) Ann. Einh. 812: tributi nomine viginti quinque milia solidorum auri a Beneventanis soluta.

Tribut von 7000 Solidi auf's Neue festgesetzt [1]). Schon im Sommer des Jares 812 herrscht völliger Friede zwischen Franken, Griechen und Beneventanern; als die griechische Flotte einen grossartigen Zug gegen die maurischen Seeräuber unternimmt, ziehen die griechischen Gesandten an den Herzog von Neapel ruhig durch das beneventanische Gebiet, ohne dass Karl oder Grimoald sich hiedurch zu irgend welchen Massregeln veranlasst sehen [2]).

Die hohe Bedeutung der gesammten letztbesprochenen Friedensschlüsse liegt nicht so sehr in den durch sie getroffenen Einzelbestimmungen (obgleich dieselben geraume Zeit hindurch massgebend geblieben sind), als vielmehr in der bei dieser Gelegenheit zum ersten Mal anerkannten Tatsache der definitiven Zweiteilung der christlichen Welt. Von dem Augenblicke an, wo Karl der Grosse sich berechtigt wusste, von dem Friedenszustande „zwischen den Kaiserreichen des Ostens und des Westens" dem Kaiser Michael I. gegenüber zu reden, — war jene Idee der Einheit der christlichen Staaten im Kaisertum, die durch Jarhunderte herrschend, selbst den fränkischen Mönch im abgelegenen Kloster seine Annalen nach den Regierungsepochen der byzantinischen Kaiser einzuteilen bewog, definitiv beseitigt und die christlichen Nationen in zwei seither nicht mehr vereinigte Gruppen zerfallen. Denn haben auch späterhin manches Mal die Kaiser des Ostens denen des Westens die Anerkennung versagen wollen (wie Ludwig dem Zweiten und Otto dem Grossen); es war dies ein blosser Anachronismus, welcher, da er kaum irgend wo mehr Verständniss, geschweige denn Zustimmung fand, die Existenzberechtigung des Westreiches nicht einen Augenblick in Frage stellen konnte. Daher treten denn auch von diesem Zeitpunkte an die Beziehungen zwischen den beiden Reichen aus der hervorragenden Stellung, welche sie für die

---

[1]) Ann. Einh. 814: Hludowicus — — cum Grimoaldo, Beneventanorum duce, pactum fecit atque firmavit, eo modo quo et pater, scilicet, ut Beneventani tributum annis singulis septem milia solidos darent.

[2]) Epp. Leonis N. 6. Jaffé p. 323.

Betrachtung der Regierungszeit Karls des Grossen hatten,
zurück; die gegenseitige Politik der Kaiserstaaten zeigt
statt fortlaufender planmässiger Bestrebungen nur verein-
zelte Massregeln zur Erreichung augenblicklicher Zwecke.
Demgemäss muss auch die Darstellung auf den einheitlich
fortschreitenden Gang, der für die Regierungszeit Karls des
Grossen möglich gewesen, jetzt verzichten und sich auf Beleuchtung der successive hervortretenden Berürungs- und
Streitpunkte zwischen beiden Reichen beschränken.

III. Beziehungen zwischen den Kaiserreichen des Ostens und Westens vom Tode Karls des Grossen bis zur Thronbesteigung Basilius I.

Seit dem im Jare 812 zwischen beiden Kaiserreichen
abgeschlossenen Frieden zu Aachen tritt die bisher so beständig wirksame Rivalität derselben mehr in den Hintergrund; sie hört auf, — den wichtigsten Factor in den Beziehungen beider zu bilden. Mit dem Tode Karls des
Grossen und des energischen Nicephorus begannen das
Ost- wie das Westreich schnell von der erreichten Höhe
herabzusinken. Durch übermächtige Angriffe der Bulgaren
sahen sich die Byzantiner, durch fortdauernde innere Spal-
tung die Franken gezwungen, von weitergreifenden Plänen
der auswärtigen Politik völlig abzusehen und nur auf die
Behauptung des Erreichten ihre Kraft und Ausdauer zu
verwenden.

Demgemäss spielen jetzt nicht mehr Intriguen und
Feindseligkeiten die Hauptrolle in den Beziehungen zwischen Rom und Constantinopel, sondern vielmehr Verhandlungen, die ein gemeinsames Vorgehen zur Abwehr be-
stimmter Gefaren, Erreichung specieller Zwecke ermögli-
chen sollten. Ein Schauplatz, der bisher ein Hauptgegen-
stand unserer Betrachtung sein musste, Unteritalien, ver-
liert daher jetzt völlig seine hervorragende Bedeutung, weil
nach der einmal vollzogenen Feststellung der dortigen
Grenzen keines der beiden Reiche über dieselben hinausge-

strebt hat, so dass — abgesehen von den localen Fehden
der Lehnsfürsten — in Unteritalien völlige Ruhe herrschte.
Erst nach Jarzehnten, nachdem durch die Festsetzung der
Saracenen in Bari völlig neue Verhältnisse dort geschaffen
sind, werden die Vorgänge in jenen Gegenden für unsere
Untersuchung wieder von Wichtigkeit.

Um so grössere Bedeutung dagegen erhielten jetzt diejenigen Grenzgebiete, welche von den südslavischen Stämmen bewont waren. Hier konnte es nicht nur bei der
Schwierigkeit, die in loser Abhängigkeit stehenden Völker-
schaften im Zaum zu halten, zu häufigen Reibungen kommen, sondern vielmehr lag in den mächtigen, unabhängigen
Reichen der benachbarten Völker, besonders der Bulgaren,
eine beiden Kaiserstaaten gemeinsame Gefar, um so mehr,
da die tributpflichtigen slavischen Grenzbewoner durchaus
für keine zuverlässige Verteidigung den ihnen stammver-
wandten Feinden gegenüber Gewär leisteten.

Zunächst hatte bekanntlich das griechische Reich von
den Bulgaren ausserordentlich zu leiden. Dem gegenüber
beantragte schon 814 Kaiser Leo durch die bereits erwänte, nach Karls Tode von Ludwig dem Frommen em-
pfangene Gesandtschaft ein gemeinsames Vorgehen; allein
wir hören nicht, dass Ludwig diesem Antrag Folge gelei-
stet habe [1]). Speciell den Bulgaren gegenüber bewies man
von fränkischer Seite noch lange eine weitgehende Sorg-
losigkeit, die sich dann später ungemein schwer gerächt
hat. Ueberhaupt scheint man damals in den südöstlichen
Grenzlanden mit mehr Ansprüchen als Vorsicht aufgetreten
zu sein; das Verfaren des dort waltenden Markgrafen Cadolah
rief nicht nur Klagen des ihm untergebenen Herzogs der
pannonischen Croaten, Liudewit [2]), sondern auch Beschwerden

---

[1]) Ann. Laur. min. 814: Legati Graecorum auxilium petebant ab
eo contra Bulgaros et ceteras barbaras gentes. Die Nachricht der
Vita Hludovici (Astr.) 815: (Legati) a Constantinopoli regressi sunt
foederisque pactum inter ipsum et Francos detulere gravissimum —
bezieht sich jedenfalls nur auf die gewönliche Friedensurkunde, nicht
auf ein specielles Schutz- und Trutzbündniss.

[2]) s. über die damaligen Verhältnisse dieser Grenzlande Dümmler,

des griechischen Kaisers hervor. Im Jare 817 erschien
am fränkischen Hofe der kaiserliche Gesandte Nicephorus,
um die Abstellung von Misshelligkeiten, zu verlangen, welche sich in den dalmatinischen Grenzgebieten ergeben hatten. Nach dem Wortlaute unseres Berichtes muss es sich
um die Abgrenzung der unter griechischer Hoheit verbliebenen Städtegebiete (an der dalmatischen Küste) von dem
zum Westreiche gehörigen Binnenlande gehandelt haben [1].
Wie viel dem Kaiser Leo an Erledigung dieser Frage gelegen war, beweist das noch im gleichen Jare erfolgende
Eintreffen einer zweiten Gesandtschaft [2], die dieselbe Aufgabe hatte wie die erste. Ludwig trug in der gründlich-
sten Weise dafür Sorge, diese Angelegenheit zu einem be-
friedigenden Abschluss zu bringen; der Markgraf Cadolah,
dessen Abwesenheit die Entscheidung etwas verzögert hatte,
wurde sogleich nach seinem Eintreffen nebst einem anderen
Bevollmächtigten, Albgar, den griechischen Gesandten beigegeben, um mit ihnen zusammen an Ort und Stelle die
streitigen Punkte zu entscheiden. Da wir späterhin nichts
mehr von der Sache berichtet finden, so ist jedenfalls eine
Verständigung erfolgt.

Noch in einer anderen Beziehung bezeigte sich Ludwig bei dieser Gelegenheit zuvorkommend gegen den byzantinischen Hof. Johannes, Sohn und Mitregent des venetianischen Dogen Agnellus, war von seinem Vater, jedenfalls im Einverständniss mit Kaiser Leo, seiner Würde zu
Gunsten seines Bruders Justinian beraubt und nach Zara

Die südöstlichen Marken des fränkischen Reichs (Archiv für Kunde
österreichischer Geschichtsquellen X. Bd.); bes. p. 25.

[1] Ann. Einh. 817: Quia res ad plurimos et Romanos et Sclavos
pertinebat. Vita Hlud. 817: Legatio — — erat de finibus Romanorum et Sclavorum; s Simson, Jarbücher I, 78; Dümmler, Sitzungsberichte XX, 388.

[2] Ann. Einh. ibid.: Obvios habuit legatos Leonis imperatoris,
quos cum audisset ac legationem eorum non aliam esse, nisi quam
Niciforus proxime adtulerat, comperisset, celeriter absolutos dimisit.
Die von den Ann. Xant. zum Jare 816 berichtete griechische Gesandtschaft ist wahrscheinlich mit einer der beiden oben genannten
identisch.

verbannt worden. Offenbar fülte er auch dort sich vor
weiteren Verfolgungen nicht sicher und entfloh daher aus
dem Gebiet des byzantinischen Reiches nach Bergamo in
Oberitalien. Seine Hoffnung, dort Schutz zu finden, ward
jedoch getäuscht; Agnellus und Justinian richteten an Ludwig die Forderung, den Flüchtling auszuliefern, und der
Kaiser säumte nicht, dies Verlangen zu erfüllen; Johannes
ward darauf nach Constantinopel gesandt und dort zu ver-
bleiben genötigt [1]). Es ist ein deutliches Zeichen für die
Friedensliebe des Kaisers Ludwig, dass er diese so gün-
stige Gelegenheit in die inneren Verhältnisse Venedigs ein-
zugreifen und sich dort eine fränkisch gesinnte Partei zu
schaffen, nicht ausgebeutet hat. Vermutlich war man im
Frankenreiche seit den letzten Kämpfen des Königs Pipin
zu fest davon überzeugt, dass Venedig ohne den Besitz einer bedeutenden Flotte nicht zu behaupten sei, als dass
man in dieser Hinsicht überhaupt noch irgend welche Versuche [2]) unternommen hätte. Nur ein Umstand hinderte

---

.[1]) Joh. Diac. p. 15: Unde factum est, ut Johannes, qui apud
Jateram exulabat, fuga lapsus primum Sclaveniam, deinde ad Italiam
ad Bergami civitatem pervenit. Interca pater et frater hoc audien-
tes miserunt nuntium imperatori Ludovico, efflagitantes, ut sibi red-
deret filium fuga lapsum. Imperator vero libenter illorum precibus
obtemperans reddidit sibi fugitivum; quem absque mora una cum
uxore Constantinopolim destinaverunt. Die Angabe Andrea Dando-
los (Muratori XII, 164), Johannes sei zu Ludwig selbst geflohen und
von diesem in Bergamo freundlich aufgenommen, ist schon von
Gfrörer (I, 145) verworfen, von Simonsfeld (Andreas Dandolo und
seine Werke p. 66) als aus Missverständniss der Angabe des Joh.
Diac. hervorgegangen, erklärt worden. Ludwig war in jenen Jaren
gar nicht in Italien; auch nicht 817, wie Gfrörer irrig hehauptet.

[2]) Nach der Auffassung Gfrörers freilich (p. 145—163) sind, wie
nach seiner Meinung schon von Karl, so auch von Ludwig fortwärende Versuche der Art gemacht worden. Aber der einzige Beweis,
auf den er sich hiebei stützt, ist die Tatsache, dass in den venetianischen Parteikämpfen die Gegner der vom byzantinischen
Hof begünstigten Partei, wenn sie unterlagen, sich auf das Gebiet des Westreichs flüchteten. Allein dies erklärt sich aus der einfachen Ursache, dass ganz Südeuropa damals dem Kaiser des Ostens
oder des Westens gehorchte, und dass daher, wer den Zorn des

die Befestigung eines wirklich normalen Verhältnisses zwischen Venedig und dem Westreich, die Stellung des Patriarchen von Grado. Dieser, als Metropolitan der istrischen Bischöfe, nahm, obgleich Untertan des griechischen Kaisers, dennoch den Rang des höchsten Würdenträgers einer fränkisch-italischen Provinz ein. So wird z. B. ein an die istrischen Grossen gerichtetes Privileg von Kaiser Ludwig in erster Stelle an den Patriarchen gerichtet [1]). Bisher hatten Fortunat übrigens diese einflussreiche Stellung nie zum Schaden des Westreiches ausgebeutet, sich vielmehr demselben rückhaltlos angeschlossen. Jetzt gelangten plötzlich andere Nachrichten über ihn an Ludwig; ein Priester der Gradenser Kirche, Namens Philippus, berichtete, dass der Patriarch heimlich den ohnehin für das Reich so gefärlichen Aufstand des Herzogs Liudewit durch Aufreizung und durch Absendung festungsbaukundiger Werkmeister an ihn, begünstige; der Patriarch ward darauf zur Untersuchung der Sache an den kaiserlichen Hof beschieden [2]). Die Anklage scheint nicht unbegründet gewesen zu sein; denn Fortunat verzichtete auf jede Rechtfertigung und kehrte, nachdem er zum Schein die Reise begonnen und schon Istrien erreicht hatte, wieder nach Gradus zurück. Allein

einen Herrschers fürchten musste, das Gebiet des andern als einzigen Zufluchtsort hatte. So flüchtet z. B. der Patriarch Fortunat, des Hochverrats gegen Ludwig angeklagt, auf byzantinisches Gebiet. Hieraus auf eine Conspiration der betreffenden Herrscher mit den Schutzsuchenden zu schliessen, ist, wenn gar keine Quellenbelege dafür sich finden, durchaus unstatthaft. In dem speciell vorliegenden Fall ist übrigens die Auslieferung des Johannes durch Ludwig schon der vollgültigste Gegenbeweis. Simson berichtet über diesen Vorfall gar nicht.

[1]) Sickel L. 40: „Fortunato venerabili patriarchae itemque omnibus", s. Simson I, 175. Anm. 2.

[2]) Ann. Einh. 821: Fortunatus, patriarcha Gradensis, cum a quodam presbytero suo nomine Tiberio apud imperatorem fuisset accusatus, quod Liudewitum ad perseverandum in perfidia qua coeperat hortaretur, eumque ad castella sua munienda artifices et murarios mittendo juvaret et ob hoc ad palatium ire juberetur, primum velut jussionem impleturus in Histriam profectus est.

er sah sich bald genötigt, auch von dort zu flüchten. Durch seine häufige Abwesenheit auf Reisen (die eben durch seine fränkisch-istrischen Beziehungen gefordert wurden), wol auch durch seine von jeher bewiesene Intriguensucht und Unzuverlässigkeit seit lange erzürnt, müssen die beiden Dogen eine so drohende Haltung gegen ihn eingenommen haben, dass er sich entschloss, heimlich nach Zara zu entfliehen, und von dort mit Hülfe des Statthalters sich direkt nach Constantinopel unter kaiserlichen Schutz zu begeben [1]). Er mochte hier auf Sicherheit den Franken gegenüber rechnen, da der seit dem Ende des Jares 820 regierende Kaiser Michael II. der Stammler noch keine diplomatischen Beziehungen mit Ludwig dem Frommen angeknüpft hatte. Als Grund dieser 4 Jare dauernden Unterbrechung der regelmässigen Verbindungen zwischen beiden Höfen hat Michael später in seinem Schreiben vom Jare 824 den langdauernden und gefärlichen Aufstand des Thomas angegeben, der ihn gehindert habe eine Gesandtschaft abzuschicken [2]). Das Ungenügende dieses Vorwandes

---

[1]) Dieser Verlauf der Ereignisse ergibt sich, wenn man die fränkischen mit den venetianischen Berichten combinirt. Joh. Diac. p. 16: Fortunatus quidem patriarcha, cum non sedule in sua vellet sede degere, sed contra Veneticorum voluntatem sepissime Franciam repetebat, et quia a modo hoc ducibus displicebat. — — Andrea Dandolo (Muratori XII, 168): Veneti adversus Fortunatum patriarcham denuo concitati eum de Patria expulerunt. — — Einh. 821: inde simulato reditu ad Gradum civitatem, nullo suorum praeter eos, cum quibus hoc tractaverat, suspicante, nanctus occasionem clam navigavit, veniensque Jaderam — — Johanni praefecto provinciae illius fugae suae causas aperuit, qui eum statim navi impositum Constantinopolim misit; s. Simson I, 173—176, der die Mitwirkung der venetianischen Dogen in dieser Angelegenheit völlig übergeht, da er den Bericht des Joh. Diac. beanstandet. Gegen Simson s. Simonsfeld p. 73—75.

Gfrörer p. 150—152 benutzt den fränkischen und die venetianischen Berichte, lässt aber unberechtigter Weise den Patriarchen erst 824 von den Venetianern abgesetzt werden.

[2]) Mansi, Collectio amplissima Conciliorum XIV, 419: Thomae seditio nos prohibuit. At vero nunc dedit nobis Deus hoc praesens opportunum tempus.

leuchtet ein; der wahre Grund der Verzögerung [1]) lässt sich fast mit Sicherheit aus der späteren widerwilligen und unvollständigen Anerkennung der karolingischen Kaiserwürde durch Michael schliessen. Der ehrgeizige Emporkömmling, der eben erst durch ein Verbrechen sich den Kaisertitel erworben, wünschte denselben nicht mit einem andern Monarchen zu teilen, bis er schliesslich durch die Verhältnisse dazu gezwungen ward.

Die Nötigung, wieder Fülung mit dem Westreiche zu suchen, trat an Michael II. wegen der verworrenen kirchlichen Zustände des griechischen Reiches bald heran. Der Kaiser, von entschieden bilderfeindlicher Gesinnung [2]), vermochte der starken Gegenpartei gegenüber keine feste und sichere Stellung zu gewinnen, um so mehr als ja auch der römische Stul den bilderfreundlichen Beschlüssen der Nicaener Synode von 787 entschieden beigestimmt hatte. In dieser schwierigen Lage erinnerte man sich in Constantinopel der energischen Verwerfung, welche jene Beschlüsse auf der fränkischen Synode von 794 erfaren hatten, und beschloss, nun ln den Franken eine Stütze gegen die gemeinsamen Gegner zu suchen, speciell eine Vereinigung mit der Curie unter fränkischer Vermittlung anzubanen. Es ward daher eine Gesandtschaft an Ludwig abgefertigt, welche einerseits den Bündniss- und Friedensvertrag von Aachen erneuern, andererseits fränkische Begleitung und Befürwortung erbitten sollte, um auf diese gestützt dann in Rom vor Eugen II. persönlich den Beweis der Orthodoxie Michaels II. zu füren. Unter den Gesandten befand

---

[1]) Simson I, 175 wirft die Frage auf: „hatte man die Erhebung (des Liudewit) von Byzanz aus unterstützt?" und Dümmler (Sitzungsberichte XX, 390) meint: „Die Griechen scheinen diesem Unternehmen nicht abhold gewesen zu sein". Die Gleichzeitigkeit des pannonischen Aufstandes und der Unterbrechung der fränkisch-byzantinischen Beziehungen sprechen allerdings für eine solche Vermutung; aber eine wirkliche Unterstützung Liudewits durch die Griechen wäre doch von den fränkischen Quellen berichtet worden.

[2]) s. den Brief Michaels II. an Ludwig bei Mansi XIV, 417—422. Ueber die Bilderfrage speciell p. 420—22.

sich auch der Patriarch Fortunat, der hiemit den sichersten
Weg einschlug, ohne Gefar einer neuen gerichtlichen Untersuchung mit dem fränkischen Hof anknüpfen zu können.
In der Tat verzichtete auch Ludwig auf jedes Verfaren
gegen den Patriarchen und begnügte sich, die Untersuchung
der kirchlichen Vergehen desselben (vermutlich wegen der
unbefugten Verlassung seines Sitzes und der Entfremdung
von Kirchengut) [1]) dem Papste anheim zu stellen, zu welchem Fortunat mit der gesammten griechischen Gesandtschaft sich hinzubegeben ohnehin beauftragt war. Allein
noch wärend seines Aufenthaltes im Frankenlande starb
der Patriarch plötzlich [2]). .

Ludwig bewies sich indess in hohem Grade nachgiebig
gegen den griechischen Kaiser. Er beanstandete selbst nicht
die ungenügende und im Grunde inhaltlose Anerkennung,
welche Michael seiner Kaiserwürde zu Teil werden liess.

---

[1]) Sickel, Acta L. 248 wird gesprochen: „de rebus ecclesiasticis,
quas Fortunatus patriarcha nepoti suo Dominico dedisset.

[2]) Ueber die Gesandtschaft s. Mansi XIV, 419: Justum existi-
mavimus mittere ad vestram gloriam Theodorum — —, Nicetam —
—, Fortunatum archiepiscopum Venetiae, etc. Ferner p. 420: Cor-
roboramus et confirmamus priorem pacem et amicitiam; endlich p.
422: Ordinet vestra spiritalis dilectio, ut cum omni honore et illae-
sione ad eum (papam) veniant, auxilium eis ferentes in his quae Deo
placeant, — — ut non tantum in republica ad invicem concorde-
mus, sed etiam et de magna re quae ad salutem animae pertinet,
id est ecclesiastica et Deo amabilia consentiamus.

Ann. Einh. 824: Legati — — pro Fortunato nihil locuti sunt;
— — quos cum — — absolveret, Romam — — ducere jussit. Fortunatum etiam de causa fugae ipsius percontatum ad examinan-
dum eum Romano pontifici direxit.

Joh. Diac. p. 16: (Fortunatus) Franciam cum Grecorum missis
repetebat. Ibique aliquamdiu moratus diem finivit extremum. Man
bemerke, dass von der Anklage des Verrates nicht mehr
die Rede ist; deren Entscheidung auch unmöglich dem Papst überlassen werden konnte. Dies übersieht Gfrörer I, 152, wenn er meint,
Michael habe Fortunat „fränkischer Ungnade aufgeopfert", s. Simson I, 218—222. — Auch Dümmler, Ostfränkische Geschichte I, 20,
beurteilt das Verfaren Michaels gegen Fortunat nicht richtig, wenn
er sagt, letzterer sei 824 „durch griechische Gesandte" „zu-
rückgefürt" worden.

Mit dem Titel eines „Königs der Franken und Langobarden, wie auch sogenannten Kaisers derselben" [1]) hätte sich Karl der Grosse sicherlich nicht zufrieden gegeben; denn mit demselben ward nicht nur die Kaiserwürde als unberechtigte Usurpation bezeichnet, sondern was noch wichtiger, die Herrschaft über Rom völlig ignorirt; der römische Kaiser ward zu einem Franken- und Langobardenkaiser, eine Bezeichnung, welche ausserdem, nach dem mittelalterlichen Begriffe von der Kaiserwürde, völlig sinnlos, ein Widerspruch in sich selbst war. Nichts desto weniger zögerte Ludwig nicht in freundschaftliche Beziehungen zu Michael zu treten; nicht nur begann ein lebhafter diplomatischer Verkehr zwischen beiden Höfen, sondern auch dem speciellen Verlangen Michaels suchte Ludwig gerecht zu werden, indem er die griechischen Gesandten in Begleitung des Bischofs Frechulf (von Lisieux) und eines gewissen Adegar nach Rom sandte und ihre Sache dort mit Entschiedenheit vertreten liess, auch im nächsten Jare auf der Synode von Paris sich für eine Vermittlung der entgegenstehenden dogmatischen Standpunkte lebhaft bemühte. Von grossem Erfolge scheinen freilich diese Bemühungen nicht gewesen zu sein [2]).

---

[1]) Mansi 417: Hludovico glorioso regi Francorum et Langobardorum et vocato eorum imperatori.

[2]) Ueber diese Vermittlungsversuche und die ihnen gewidmete Pariser Synode von 825 handelt ausfürlich Hefele, Conciliengesch. Bd. IV. 2. Aufl. p. 40—46: „Ludwig der Fromme beschloss — — zur Versönung der beiden feindlichen Parteien das Seinige beizutragen. — — Vor Allem schien passend, den gegenwärtigen Papst Eugen II. auf geschickte Weise von dem entschieden bilderfreundlichen Standpunkte Hadrians wegzulocken. — — Ob der Papst irgendwie in den Plan der Franken einging und ihrem Wunsche gemäss Legaten nach Griechenland sandte, ist unbekannt".

Frechulf und Adegar, als kürzlich nach Rom gesandt, werden erwänt in den Acten des Synodus Parisiensis von 825 (Mansi XIV, 422). Simson I, 248 Anm. 1 bestreitet Hefeles Annahme, dass jene beiden schon mit der griechischen Gesandtschaft zugleich nach Rom gezogen seien. Allein mir scheint Hefeles Behauptung durchaus wahrscheinlich, da Michael II. ja einen derartigen Beistand von fränkischer Seite gewünscht hatte.

Das gute Einvernehmen zwischen beiden Kaisern äusserte sich jedoch noch auf andern Gebieten; so zunächst in Unteritalien. Die dort fast unablässig sich abspinnenden localen Fehden hatten im Jare 826 zu arger Bedrängung des zum griechischen Reiche gehörigen Herzogtums Neapel durch den Fürsten Sico von Benevent gefürt; als die Neapolitaner hierüber am fränkischen Hofe Klage fürten, untersagte Ludwig den Beneventanern die Fortsetzung des Streites [1]).

Von grösserer Wichtigkeit war die jetzt endlich, offenbar im Einverständniss mit Byzanz geschehende Regelung der Grenzen des aquilegiensischen und gradensischen Metropolitanbezirkes; sie erfolgte in der Weise, dass jene Grenzen hinfort mit den Reichsgrenzen zusammenfielen, d. h. dass die istrischen Bistümer nunmehr dem Patriarchat von Aquileja unterstellt waren [2]). Beiden Kaisern musste daran gelegen sein, die Neubesetzung des Gradenser Stules, die durch Fortunats Tod notwendig geworden war, zur Aufhebung der Doppelstellung jenes Patriarchates zu benutzen, welches dieselbe bald zum Schaden des einen bald des anderen Reiches ausbeuten konnte und tatsächlich ausgebeutet hatte. Daher ward der neue Patriarch Venerius, als er sich über die unberechtigten Versuche des Metropolitans von Aquileja, seine Gewalt auch über die istri-

---

[1]) Erch. Hist. Lang. Benev. cap. 10: Neapolitibus — — bellum a Sicone creberrimum motum est. — — Oppressi igitur durius — — cives praefatae urbis — — ad Francorum se contulere praesidium. Hiisque denique diebus praeerat illis cesar Lodoguicus, — — qui Lutharium natum suum consortem dum regni asciret, — — Quibus annitentibus obsessio ab illis aliquamdiu sublevata est.

Das Jar, in welches dies Ereigniss fällt, ist festgestellt durch Ann. Einh. 826: Ibi ad eum legati Neapolitanorum venerunt atque inde accepto responso, ad sua regressi sunt; s. Simson I, 267 Anm. 8. — Eine Intervention des griechischen Kaisers zu Gunsten der Neapolitaner scheint nicht stattgefunden zu haben; die Beziehungen zwischen dem Oberherrn und den Vasallen waren äusserst gelockert.

[2]) Das Besitzrecht der Gradenser Kirche auf die „in Istria, Langobardia seu Romandiola" belegenen Kirchengüter ward hiedurch natürlich nicht angetastet.

schen Bistümer auszudehnen, bei Kaiser Ludwig beklagte, von diesem (und seinem Mitregenten Lothar) an den Papst und eine Synode verwiesen, deren Entscheidung schon im Voraus feststand. Die Versammlung fand darauf im Beisein päpstlicher und kaiserlicher Gesandter (griechische Gesandte werden nicht genannt) 827 zu Mantua statt, und sprach die streitigen Bistümer für alle Zeit Aquileja zu [1]. Im Uebrigen behielt Venerius die Metropolitangewalt über die Bistümer Venetiens [2]. — — Vermutlich waren es die

---

[1] Joh. Diac. p. 17: Istrienses episcopi, qui consecrationis donum a Gradensi patriarcha more solito recipiebant, Aquilegiensi metropolitano, Langobardorum regis virtute coacti sese subdiderunt. Erlass Ludwigs und Lothars an Venerius bei Sickel, Acta L. 251; Acten der Synode von Mantua bei Mansi XIV, 493—498. Der Beschluss erscheint als vorausbestimmt, wegen seiner ungenügenden rechtlichen und historischen Begründung, s. über diese Hefele a. a. O. p. 50. Ferner über die Synode: Simson I, 281–284; Gfrörer I, 153—159. Beide behaupten, dass Ludwig und Lothar anfänglich Venerius die istrischen Bistümer hätten belassen wollen und erst später ihre Absicht geändert hätten. Sie stützen diese Ansicht auf die von den Kaisern dem neuen Patriarchen erteilte Bestätigung der früheren Immunitätsurkunden (Sickel L. 248), die sich allerdings auch auf die istrischen Bistümer bezogen. Allein diese Bestätigungsurkunde beweist nichts; denn so lange nicht durch kirchliche Entscheidung über die Bistümer Istriens neu verfügt war, konnte eine Bestätigung ihrer Immunitäten, um rechtsgültig zu sein, nur an ihr bisheriges Oberhaupt, den Patriarchen von Grado gerichtet werden. Die Metropolitangewalt selbst aber würde überhaupt nicht durch kaiserliches Privileg verliehen, sondern in demselben nur anerkannt, weil die Verleihung einmal durch den Papst geschehen und von ihm noch nicht aufgehoben war.

[2] Die Patriarchen von Grado wollten sich indess mit dieser beschränkten Stellung lange nicht begnügen. Noch zum Pontificate Sergius II. berichtet Andr. Dand. (Murat. XII, 178): Hic Papa cupiens sedare discordiam regentem inter ecclesiam Gradensem et Aquilegiensem occasione Episcopatuum Istriae literas scripsit Venerio patriarchae Gradensi etc. Mansi XIV, 527 vermutet, es sei noch ein zweites Concil zu Mantua in dieser Sache abgehalten worden; Hefele meint: „es machte dieser Gegenstand noch mehrere Synoden nötig, von denen wir jedoch nichts Näheres wissen". Die Annahme Gfrörers I, 182. 183, Lothar I. habe 850 noch einmal die istrischen Bis-

Beschlüsse der Mantuaner Synode, derentwegen in den
Jaren 827 [1]) und 828 [2]) wiederum ein Austausch von Gesandtschaften zwischen den Kaiserhöfen des Ostens und
Westens statt fand. Jedenfalls gelang es, die Verständigung zu erzielen, und das gute Einvernehmen dauerte un-
gestört fort. Auch unter der Regierung des Theophilus
(829—842) scheint es bestanden zu haben; denn wir hören
833 von einer in Compiègne erscheinenden griechischen
Gesandtschaft, die mit Ehrengeschenken für Ludwig wie
für Lothar eintraf. Doch nur die für den letzteren be-
stimmten konnte sie übergeben; denn sie ward (nach dem
Ausdrucke eines Chronisten) Zeuge des „fast unerhörten
Trauerspieles" [3]), dass der Sohn den Vater von der kaiserlichen Würde ausgeschlossen hatte und gefangen hielt.
Diese Scene zeichnet aufs Schärfste die unselige Zerrüttung
des Westreiches, die es von jeder kräftigen auswärtigen

tümer auf 5 Jare (!) Grado zuerkannt, ist irrtümlich; die Urkunde
(Murat. XII, 176) bezieht sich nicht auf die istrischen Bistümer, sondern auf venetianische Gebietsteile (s. p. 45 dieser Abhandlung) und
Besitzungen der Gradenser Kirche, die im Territorium des Westreiches lagen: decrevimus, ut nullus in territoriis locis peculiariis aut
Ecclesiis, Domibus seu rebus et reliquis praesignati Ducatus,
quae infra potestatem Regni nostri sitae esse noscun-
tur, iniquam ingerere praesumant inquietudinem.

[1]) Ann. Einh. 827. Empfang einer griechischen Gesandtschaft.
Dieselbe überbrachte als Geschenk die Schriften des Dionysius Areo-
pagita, und zwar im griechischen Urtext (nicht in lateinischer Uebersetzung, wie Andr. Dand. [Murat. XII, 168] angibt). Ueber die chronologische Schwierigkeit s. Baronius, Ann. Eccl. ed. Theiner XIV,
129. Simson I, 278.

[2]) Ann. Einh. 828. Rückkehr einer fränkischen Gesandtschaft
aus Constantinopel.

[3]) Vita Hlud. imp. 49: Legatio Constantinopolitani imperatoris
— — ad patrem missa occurrit, munera sibi deputata obtulit, patri
missa subtraxit; quam — — traguediamque reportantem pene inau-
ditam remisit, s. Simson II, 64. 65. Hirsch, Byzantinische Studien
148, missversteht diese Stelle, wenn er meint, die Gesandten hätten
aus Constantinopel „eine fast unglaubliche Tragödie gemeldet", und
da dies auf die damaligen Verhältnisse des byzantinischen Reiches
nicht passt, den Annalisten ungenau berichtet nennt, s. auch Ann.
Bertiniani 833.

Politik abhielt. Unter dem Eindruck dieses charakteristi-
schen Ereignisses kehrten die griechischen Gesandten heim,
und wir vernehmen nun durch 6 Jare hindurch nichts mehr
von Bündnissen zwischen dem Ost- und Westreiche, obgleich eine gemeinsame Schutzwehr gegen immer drohen-
dere Gefaren dringend notwendig war, von denen insbesondere das griechische Reich schon schwer zu leiden begann. Durch die schwachen Regierungen in der Mitte des
neunten Jarhunderts sinkt die Macht dieses Reiches immer
mehr. Schon unter der Regierung Michaels II. waren die
Südserben unabhängig geworden und machten nun durch
Seeraub das ganze adriatische Meer unsicher, fügten insbesondere dem venetianischen Handel schweren Schaden
zu, so dass sich die Dogen zu häufigen Kämpfen gegen die
Piraten gezwungen sahen [1]).

Viel ernstlichere Besorgnisse jedoch musste die rasche

---

[1]) Const. Porph., De administr. imperio p. 128: Ἐπὶ Μιχαὴλ τοῦ
ἐξ Ἀμορίου τοῦ τραυλοῦ οἱ τὰ τῆς Δαλματίας κάστρα οἰκοῦντες γεγόνασιν αὐτοκέφαλοι, μήτε τῷ βασιλεῖ Ῥωμαίων μήτε ἑτέρῳ τινὶ ὑπο-
κείμενοι· ἀλλὰ καὶ τὰ ἐκεῖσε ἔθνη, οἵ τε Χρωβάτοι καὶ Σέρβλοι καὶ
Ζαχλοῦμοι καὶ Τερβουνιῶται καὶ Καναλεῖται καὶ Διοκλητιανοὶ καὶ οἱ
Παγανοὶ τῆς τῶν Ῥωμαίων βασιλείας ἀφηνιάσαντες γεγόνασιν ἰδιόρυθμοι καὶ αὐτοκέφαλοι, τινὶ μὴ ὑποκείμενοι. Die Παγανοὶ sind identisch mit den Narentanern nach Const. Porph. p. 129: οἱ Π., οἱ καὶ
τῇ Ῥωμαίων διαλέκτῳ Ἀρεντανοὶ καλούμενοι, s. auch Theoph. Cont.
p. 288. Dass Const. Porph. unter den abgefallenen und selbstständig gewordenen Stämmen irrig auch die Croaten nennt, ist ohne
sachliche Bedeutung, da er anderwärts selbst von der Zugehörigkeit
der Croaten zum Westreich berichtet. Hirsch, Byzant. Studien p.
198. 199 verwirft den ganzen Bericht des Const. Porph., weil auch
die südserbischen Völker seit Karl dem Grossen zum Westreich gehört hätten. Allein dies ist irrig; denn fränkische und griechische
Quellen reden, wo sie die fränkische Herrschaft im Osten des adriatischen Meeres erwänen, stets nur von den Croaten als fränkischen
Untertanen. Dies betont mit Recht Gfrörer II, p. 126. — Ob Dümmler
(Sitzungsberichte XX, 390. 391) die Angabe des Const. Porph. nur
bezüglich der Croaten, oder gänzlich verwirft, ist nicht völlig klar.

Ueber die fortwärenden Seekriege der Venetianer gegen die Südserben, besonders die Narentaner, berichtet Andr. Dand. (Muratori
XII, 172 ff.) und handelt ausfürlich Gfrörer Bd. II.

Ausbreitung des saracenischen Machtgebietes im Osten und im Westen einflössen. Seit sie im Jare 831 Palermo erobert hatten, war ihre bedeutende Seemacht eine beständige Bedrohung der italischen Besitzungen beider Kaiserreiche; das byzantinische Reich jedoch hatte ausserdem noch den fortwärenden Kriegszügen saracenischer Landheere zu widerstehen, welche Kleinasien von der Ostgrenze aus zu erobern strebten. Auf Abwendung dieser Gefar richtete Kaiser Theophilus seine Hauptkraft; doch im Ganzen mit unglücklichem Erfolge. Die kurze Siegesfreude, welcher er 839 durch eine Gesandtschaft an Ludwig den Frommen den prahlerischsten Ausdruck geben liess [1]), machte bald völliger Entmutigung Platz. Nach dem Verluste des wichtigen Amorion (an der phrygisch-galatischen Grenze gelegen) sandte Kaiser Theophilus im letzten Jare seiner Regierung (842) einen Patricius Theodosius an Kaiser Lothar I. mit der Bitte, dieser möge sowol ihm selbst ein beträchtliches Hülfsheer senden als auch seinerseits eine besondere Expedition gegen diejenigen saracenischen Gebiete ausrüsten, welche zwischen Libyen und Asien gelegen seien (vermutlich die syrischen Lande). Zur Befestigung dieses so bedeutende Verpflichtungen auferlegenden Offensivbündnisses sollte alsdann Ludwig, der älteste Sohn und präsumtive Nachfolger Lothars, mit einer Tochter des Theophilus vermält werden. Die Gesandten trafen Lothar bei Trier; überraschender Weise ging dieser auf die griechischen Anträge ein, obgleich eine Expedition über See bei

---

[1]) Ann. Bert. Prud. 839. (Mon. Germ. I, 434): Theodosius Chalcedonensis metropolitanus und Theophanius spatharius als Gesandte genannt. Legatio super confirmatione pacti — — agebat necnon de victoriis, quas adversus exteras bellando gentes coelitus fuerat assecutus, gratificatio et in domino exultatio ferebatur, in quibus imperatorem sibique subjectos amicabiliter datori victoriarum omnium gratias referre poposcit. Simson II, 202.

Dieselbe Gesandtschaft geleitete auch in kaiserlichem Auftrag jene Männer aus dem Volke der „Ros" an Ludwigs Hof, welches als identisch mit den warägischen Russen betrachtet wird; ein Eingehen auf diese Frage liegt selbstverständlich ausserhalb der Aufgabe dieser Arbeit.

dem Mangel einer fränkisch-italischen Flotte völlig unmöglich und der Kaiser ausserdem zunächst durch die Teilungsstreitigkeiten mit seinen Brüdern gänzlich in Anspruch genommen war. Allein das schon geschlossene Bündniss blieb völlig wirkungslos, da Theophilus noch im selben Jare starb und mit der ihm folgenden Regentin Theodora keine weiteren Verhandlungen gefürt worden zu sein scheinen. Doch erbitterte der Bruch des schon geschehenen Verlöbnisses auf lange Zeit den griechischen Hof [1]) gegen

---

[1]) Die im Text gegebene Darstellung stützt sich auf folgende zu combinirende Berichte: Ann. Bert. Prud. 842. p. 439: Lotharius apud Augustam Treverorum legatos Graecorum suscipit. — Andr. Dandolo (Murat. XII, 176): (Ad Lotharium) Theophilus — — legatos misit, promittens dare filiam in uxorem filio suo Ludovico; sed dum ista geruntur, Theophilus Augustus defunctus est. — Genesius Edit. Bonnensis p. 71: ὁ βασιλεὺς — — στέλλει πρὸς τὸν ῥῆγα Φραγγίας τὸν πατρίκιον Θεοδόσιον, — — τοῦ κατ᾽ ἐπικουρίαν συνθέσθαι αὐτῷ πολυάνθρωπον στράτευμα, καί τινας ὑποστρατήγων αὐτοῦ χωρῶν τε καὶ πόλεων τινὰς Σαρακηνικῶν τῶν μεταξὺ Λιβύης καὶ Ἀσίας καταληήσεσθαι. — Theoph. Cont. 135: Μετ᾽ εὐφροσύνης τὴν πρὸς βασιλέα ἐπικουρίαν ὁ ῥῆξ ἀπεδέδεκτο, καὶ αὖθις κατὰ τῶν Ἀγαρηνῶν ἐστράτευσεν ὁ δυστυχὴς Θεόφιλος (!), εἰ μὴ ὁ ἀποσταλεὶς Θεοδόσιος ἐκ τοῦ βίου γενέσθαι προέφθασεν· ἐκεῖνόν τε γὰρ ἡ ἀποβίωσις τὸν στρατὸν ἐκεῖνον πρὸς τὴν βασιλεύουσαν ἐλθεῖν οὐ πεποίηκε, καὶ τοῦ βασιλέως ἐπικρατήσασα ἡ τῆς δυσεντερίας νόσος θανεῖν ἐποίει, ἀλλ᾽ οὐ πρὸς ὅπλα χωρεῖν. Noch 853 berichten die Ann. Bert. Prud. p. 448: Graeci contra Hludovicum filium Lotharii regem Italiae concitantur, propter filiam imperatoris Constantinopolitani ab eo desponsatam, sed ad ejus nuptias venire differentem. Es ist charakteristisch, dass der Bericht der Ann. Bert. von 842 auch keine Andeutung über die gewissermassen abenteuerlichen Verabredungen, welche getroffen wurden, gibt; ein neuer Beweis, mit welch diplomatischer Vorsicht gerade die byzantinischen Beziehungen in den fränkischen Annalen behandelt sind.

Hirsch, Byzant. Studien p. 147. 148, übersieht die Angabe der Ann. Bert. von 842 völlig, combinirt daher den griechischen Bericht mit dem fränkischen von 839, und findet demgemäss, dass der fränkische Annalist schlecht unterrichtet gewesen sei.

Simson II, 202 Anm. 5 scheidet zwar die Gesandtschaften von 839 und 842, meint aber (nach Schlosser, Geschichte der bilderstürmerischen Kaiser 493), die Gesandtschaft von 842 sei blosses Project

Lothar und seinen Sohn Ludwig II. In Folge dessen und zugleich wegen der wachsenden Ohnmacht beider Kaiserreiche sehen wir jetzt Jarzehnte verstreichen, ohne dass auch nur ein Versuch gemeinsamen Ankämpfens gegen die gemeinsamen Feinde gemacht worden wäre. Und doch wurde derselbe durch die Verhältnisse Unteritaliens aufs dringendste gefordert! Dort hatten sich die Saracenen im Jare 841 in Bari, bald darauf in Tarent festgesetzt und unternahmen von diesen Stützpunkten aus nach allen Seiten hin unablässige Verheerungs- und Eroberungszüge. Das griechische Unteritalien, soweit es nicht unter eigenen Fürsten stand, fiel bis auf das einzige Otranto gänzlich in ihre Hände; die Regentin des Ostreichs, Kaiserin Theodora, späterhin ihr Sohn, der unfähige Michael III., wandten diesen entfernten Besitzungen fast gar keine Aufmerksamkeit zu; so sahen sich denn die Vasallenfürstentümer Neapel, Gaëta, Amalfi auf ihre eigene Kraft angewiesen, die durchaus nicht bedeutend war. Eine weit bemerkenswertere Machtstellung hatte sonst das zum Westreich gehörige Fürstentum Benevent eingenommen; allein dieses, schon durch den Abfall Capuas geschwächt, hatte sich seit 840 definitiv in die Fürstentümer Salerno und Benevent gespalten [1]), welche durch ihre fortdauernde Feindschaft

geblieben. Aber die Ann. Bert. 842 und 853, sowie auch Theoph. Cont. beweisen nicht nur, dass die Gesandtschaft in Trier eingetroffen ist, sondern dass auch ihre Anträge Zustimmung gefunden haben.

[1]) Nach dem urkundlichen Material zu schliessen, scheint sogar angenommen werden zu müssen, dass auch Luceria, obgleich mitten im beneventanischen Gebiet gelegen, dennoch eine Sonderstellung eingenommen, in Beziehungen zum byzantinischen Reich gestanden habe. Denn, wärend sonst im beneventanischen Gebiet in Privaturkunden nur der Name des Fürsten, in fürstlichen Urkunden meist der Name des römischen (karolingischen) Kaisers genannt ist, nennen sämmtliche zu Luceria ausgestellte Privaturkunden nur die Regierungsjare der byzantinischen Kaiser s. Cod. Cavensis Bd. I. Dies beginnt schon 821 (N. 10): Anno secundo Imperii domni Michaelis (ebenso N. 11) und findet sich wieder unter Michael III. 842 (N. 20 ff.) — 845, d. h. in sämmtlichen uns aus Luceria erhaltenen Urkunden. Da sich in den Annalen dieser Periode

74

die Zal der Unteritalien verzehrenden unablässigen Fehden noch beträchtlich vermehrten. Somit war keine einzige fest consolidirte Macht vorhanden, welche den Saracenen energisch entgegentreten konnte; die Geschichte der Jare von 840—866 ist daher auch in Unteritalien eine Reihe wechselnder Parteigruppirungen; bald verbinden sich die langobardischen Fürsten wider die Saracenen; bald schliessen sie mit diesen Bündnisse, um sich nur zu behaupten, und befehden dann ihre eigenen Nachbarstaaten. Der karolingische König Italiens, seit 850 auch Mitregent und seit 855 Nachfolger seines kaiserlichen Vaters, Ludwig II., verhielt sich diesen Zuständen gegenüber zwar durchaus nicht so passiv wie Michael III., konnte aber doch es zu keinen durchgreifenden Unternehmungen und Erfolgen bringen, da er fortwärend von Einzelaufgaben occupirt war, bald seine Oberherrlichkeit in Benevent, bald in Salerno aufrecht zu erhalten, bald endlich alle Kräfte aufzuwenden, um nur Mittelitalien und Rom vor dem Ansturm der Ungläubigen zu schützen. In der Tat war auch der Kaiser, den die unselige fortgesetzte Zersplitterung des Reiches auf das blosse Italien beschränkt hatte, ohne den genügenden Rückhalt an Macht, um den Saracenen ein wirklich ebenbürtiger Gegner zu sein. Das Kaisertum begann schon, aus der Herrscherstellung in die Parteistellung herabzusteigen, welche es zu Ende des 9. Jarhunderts den übrigen Fürstengewalten Italiens gegenüber offenkundig einnimmt [1]).

Tritt die geminderte Bedeutung der Kaisermacht schon

nichts über die Stellung Lucerias bemerkt findet, so muss ich mich begnügen, diese urkundliche Tatsache hier anzufüren, auf die meines Wissens noch nicht hingewiesen worden ist.

[1]) Eine specielle Behandlung der Geschichte Italiens unter der lotharingischen Herrschaft existirt noch nicht, obgle:ch die zalreichen langobardischen Chroniken ziemlich reiches, wenn auch verworrenes Material, liefern. Doch findet sich die Geschichte der vorliegenden Epoche (840—866) wenigstens beiläufig behandelt bei Gregorovius, Geschichte der Stadt Rom III, 95—97. 104—106. 122 und bei Dümmler I, 184—186. 289—291. 327.

in diesen Beziehungen deutlich hervor, so noch vielmehr in der Stellung Ludwig's zu dem grossen Kirchenstreite zwischen Nicolaus I. und Photius. Vergleicht man die Position des Kaisers dem Papste gegenüber mit derjenigen, die einst Karl der Grosse gegen Hadrian eingenommen hatte (z. B. betreffs der Bilderfrage), so erscheint der Umschwung, der im Lauf von nur 50 Jaren stattgefunden, als ein ganz eminenter. Der Kaiser spielt überhaupt in den Verhandlungen zwischen der Curie und dem byzantinischen Hofe nicht die mindeste Rolle; es wird seiner überhaupt nicht erwänt, und es bietet daher dieser ganze kirchliche Streit für unser Thema nicht die mindeste Ausbeute. Einer später, nach Abschluss des kirchlichen Friedens, nach Rom gelangten Nachricht zufolge, hat freilich Michael III. zuletzt den Plan gefasst, Kaiser Ludwig durch Vermittlung seiner Gemalin Engelberga zur Absetzung und Vertreibung des Papstes zu vermögen; allein dieses Unternehmen, bemerkenswert auch durch die bei der Gelegenheit erfolgende rückhaltlose Gewärung des Kaisertitels, gelangte nicht mehr zur Ausfürung, da zur selben Zeit der unfähige Michael durch seinen Mitregenten Basilius vom Throne verdrängt wurde, und dieser eine völlig neue Politik einzuschlagen sich entschloss [1]).

---

[1]) Das Schreiben, welches dieses Planes Erwänung tut, bei Mansi XII, 418. Nachdem die Verdammung Nicolaus I. durch das Concil berichtet ist, färt der Bericht fort: ἀνηγόρευσε καὶ ἀνεφήμισεν εἰς τὴν ἀναπλαθεῖσαν αὐτῷ σύνοδον βασιλέα τὸν Λοδόηχον καὶ τὴν Ἰγελβέργαν Αὐγοῦσταν· πρὸς τὴν καὶ γέγραφεν ἐπιστολὴν εὐφημίας πεπληρωμένην — — — καὶ παρεσκεύαζε καταπεῖσαι τὸν ἴδιον σύζυγον Λοδόηχον ἀπεῖρξαι τῆς Ῥώμης τὸν πάπαν Νικόλαον, ὡς ὑπὸ συνόδου καθηρημένον οἰκουμενικῆς καὶ καθολικῆς, ἧς τὸ ἴσον καὶ πρὸς αὐτὴν ἐξαπέστειλε μετὰ δώρων· ἀλλ' ὁ ζηλωτὴς θεὸς προφθάσας τῷ θεοφρουρήτῳ ἡμῶν αὐτοκράτορι Βασιλείῳ δέδωκε τὴν βασιλείαν, ὃς τὸ τοιοῦτον ἐγχείρημα κεκώλυκεν, s. Dümmler I, 639. Die Zuerkennung des Kaisertitels findet sich auch erwänt XII, 256, wo übrigens die lateinische Uebersetzung irrig sagt: Ludovicum et Irmingardam Constantinopoli imperatores creatum iri pollicetur.

IV. Beziehungen zwischen den Kaiserreichen des Ostens und
Westens von der Thronbesteigung Basilius I. bis zum Ausgang des karolingischen Kaisertums.

Es ist bezeichnend für die gesammte politische Lage
des ausgehenden 9. Jarhunderts, dass der wichtigste Umschwung in dem gegenseitigen Verhältniss der beiden Kaiserreiche durch Kräfte herbeigefürt wird, die von Constantinopel und nicht von Rom ausgehen. Basilius I. der Macedonier ist es, welcher die Ueberlegenheit des alten Kaisertums über das neue, unterstützt durch die innere Zerrüttung des letzteren, zur unbestrittenen Geltung gebracht
hat. Der Kaiser, welcher die christliche Welt so energisch
und erfolgreich vor den Saracenen geschützt, hat dadurch
auch innerhalb derselben seinem Staate eine lange schon
verlorene Machtstellung wieder erworben. Es ist dies um
so überraschender, als sich in der Politik des Kaisers
durchaus kein mit Aufbietung aussergewönlicher Kräfte und
Hülfsmittel durchgefürter einheitlicher Plan erkennen lässt;
vielmehr alle seine Erfolge nur durch rasches und energisches Ergreifen der augenblicklich gebotenen Vorteile gleichsam mühelos errungen werden. Nachdem Basilius sogleich
nach seinem Regierungsantritt den für das Ostreich so verderblichen, weil isolirenden Streit mit der römischen Curie
beigelegt hatte, benutzte er eine Verlegenheit des Kaisers
Ludwigs II., um die griechische Macht nach langer Unterbrechung in Italien überhaupt wieder in Erinnerung zu
bringen. Ludwig II. hatte nämlich im Jare 866, von den
langobardischen Fürsten, besonders Adalgis von Benevent,
dringend ersucht, sich zur Vorbereitung eines grossen Unternehmens gegen Bari, den Hauptstützpunkt der unaufhörlichen saracenischen Streifzüge, entschlossen [2]). Nach-

---

[1]) Erchemp. cap. 32: Gesta episcoporum Neapolitanorum cap. 64,
s. Dümmler I, 675.

dem er in Capua eine Rebellion niedergeworfen und das
schwankende Salerno fester als zuvor wieder an sich ge-
kettet hatte[1]), vereinigte er in der Tat eine beträchtliche
Macht, die aber bei dem schon so oft schwer empfundenen
Mangel einer fränkisch-italienischen Flotte doch nicht zur
Einschliessung einer Seestadt wie Bari genügen konnte.
Unter diesen Umständen erschien im Jare 869 nach schon
zweijäriger Belagerung eine griechische Flotte von mehr
als 200 Kriegsschiffen vor Bari, deren Befehlshaber beauf-
tragt war, mit Ludwig die Anknüpfung eines gegen die
Saracenen gerichteten Bündnisses anzubahnen, zu dessen
Bekräftigung dann der Vorschlag einer Vermälung des
Kaisers Constantin[2]) mit Ludwigs Tochter Irmengard den
Anträgen hinzugefügt war. Wie sehr aber die kaiserliche
Macht schon damals von der päpstlichen abhängig erschien,
wird daraus ersichtlich, dass Basilius es für notwendig erachtet hatte, wegen der gleichen Angelegenheiten auch an
Papst Hadrian II. Gesandte zu schicken; in der Tat hatte
sich auch schon seit Jarzehnten die päpstliche Macht als
ebenso mächtige Vormauer gegen die Saracenen wie die
kaiserliche bewärt.

Da Ludwig jedoch aus uns unbekannten Gründen den
Abschluss der Verlobung verweigerte[3]), so kehrte der grie-

---

[1]) Erchemp. ibid. Die seit diesem energischen Auftreten des
Kaisers neu gefestigte Zusammengehörigkeit Salernos mit dem Kaiserreiche zeigt sich auch in den salernitanischen Urkunden der Zeit
von 868—874 (Cod. Cavensis I, N. 64—78). Denn wärend vorher
(seit 840, wo sich Salerno von Benevent trennte) in keiner einzigen
Urkunde sich eine Datirung nach Kaiser-Jaren findet, tritt sie jetzt
nicht nur in allen fürstlichen, sondern auch in denjenigen Privaturkunden auf, an denen Glieder der fürstlichen Familie irgendwie beteiligt sind; so N. 64: Regnante domino lodoyco imperatore agusto.

[2]) s. Mansi XVI, 8. Fälschlich berichtet Hincmar, dass Basilius für sich selbst um Irmengard geworben habe. Constantin
war Basilius Sohn und Mitkaiser.

[3]) Ann. Bert. Hincm. 869. p. 481: Amplius quam ducentas naves
rex Graecorum in auxilium contra eosdem Saracenos festinato mitte-
bat. — p. 485: patricium suum ad Bairam cum 400 navibus miserat,
ut Hludovico contra Saracenos faceret suffragium et filiam ipsius

chische Patricius missmutig wieder mit der gesammten
Flotte nach dem Osten zurück[1]) und die fränkisch-lango-

___

Hludovici a se desponsatam de eodem Hludovico susciperet et illo
. conjugio sibi copulando duceret. Sed quadam occasione interveniente
displicuit Hludovico dare filiam suam patricio, unde inde patricius
molestus Corinthum rediit. — Const. Porph., Cont. Theoph. p. 293:
Πρὸς Λοδόιχον τὸν ῥῆγα Φραγγίας καὶ τὸν πάπαν Ῥώμης διαπρεσβεύ-
εται συνεπικουρῆσαι ταῖς ἐντεῦθεν δυνάμεσι μετὰ τούτων συμπαρατά-
ξασθαι κατὰ τῶν ἐν Βάρει κατοικησάντων τῶν Ἀγαρηνῶν. Hienach
ging der Plan zur Hülfleistung von Basilius aus (der auf diese
Weise in Unteritalien wieder festen Fuss fassen wollte), wenn auch
der Plan der Belagerung Baris, wie Dümmler I, 676 u. 690
nachgewiesen, aus chronologischen Gründen nicht von ihm stammen
kann. Auffallend sind die Worte Hincmars: (filiam) „a se desponsatam"; sie würden uns nötigen anzunehmen, dass dem Erscheinen
der griechischen Flotte bereits Verhandlungen und die Verlobung
vorausgegangen seien, von denen uns sonst nichts berichtet wird;
doch zeigen die jedenfalls unrichtigen Worte „a se" (statt a Constantino filio), dass der sonst so äusserst gut informirte Hincmar auf
diesem ihm ferner liegenden Gebiete nicht genau orientirt war. Allein wenn auch schon im Jare 868 wirklich Verhandlungen und
die Verlobung stattgefunden haben sollten, so würden wir nach den
vorliegenden Quellenangaben die Initiative doch jedenfalls Basilius zuschreiben müssen.

[1]) Ich werde weiter unten zeigen, dass wahrscheinlich Rücksicht
auf den Papst Ludwig am Abschluss der Verlobung resp. Vermälung
seiner Tochter gehindert hat. Ich kann nicht umhin, im Hinblick
auf die vielfach geplanten, aber nie zur Ausfürung gekommenen
Vermälungsprojecte zwischen dem fränkischen und dem byzantinischen Herrscherhäusern, hier die Vermutung auszusprechen, dass
Gründe kirchlicher Art für die beständige Erfolglosig-
keit jener Pläne massgebend gewesen sind. Denn an der
Spitze derselben steht der auf directen Einspruch des Papstes ge-
scheiterte Plan Pipins und Constantins IV. (Cod. Car. Jaffé N. 47.
p. 161); und von den späteren Projecten haben nur zwei die päpstliche Zustimmung gefunden, nämlich das zwischen Karl und Irene,
und das von Ludwig II. und Basilius entworfene (wie weiter unten
gezeigt werden wird); gerade Irene und Basilius aber haben sich in
eclatanter Weise dem päpstlichen Stul gehorsam bezeigt, was bei
Constantin IV. und bei Theophilus nicht der Fall war. Demgemäss
scheint mir wahrscheinlich, dass Ludwig II. nicht eher die Verlobung
resp. Vermälung abschliessen wollte, als bis auf dem unmittelbar bevorstehenden Concil von Constantinopel die Be-

bardischen Truppen waren wieder auf ihre eigenen Kräfte angewiesen. Es hat bei Erwägung dieser Umstände die neuerdings aufgestellte Vermutung[1]) viel Wahrscheinlichkeit, dass Ludwig in diesem Augenblick zum Ersatz der abziehenden griechischen Seestreitkräfte sein Hoheitsrecht über die dalmatinischen Slaven, vor Allem die Croaten geltend gemacht und demgemäss sie zur Teilnahme an der Belagerung Baris aufgefordert habe. Diese erschienen, mit ihnen jedoch auch die Südserben (Narentaner, Zachlumer etc.), welche seit ihrem Abfall vom Ostreiche (unter Michael II.) zwar völlig selbstständig und rings gefürchtete Seeräuber waren, bezüglich derer aber doch das byzantinische Reich seinen Herrschaftsanspruch niemals aufgegeben hatte. Wenn sie nun, vermutlich in der Hoffnung auf reiche Beute bei der zu hoffenden Eroberung, unter Ludwigs Befehl traten, so musste dies allerdings in Constantinopel entschiedenes Missfallen erregen[2]).

Dennoch hielt Ludwig es noch für tunlich, die Verhandlungen über das Bündniss und die Vermälung trotz seiner vorherigen zurückweisenden Haltung noch ferner

---

ziehungen zwischen Basilius und dem Papst geregelt worden wären. Doch lässt sich dies nur als Vermutung aussprechen.

[1]) Gfrörer II, 126; s. ferner Dümmler I, 706. Sitzungsberichte XX, 401. Die Tatsache slavischer Hülfleistung gesichert durch Ludwigs II. Brief an Basilius (M. G. Scriptt. III, 526); nur der Zeitpunkt zweifelhaft. Const. Porph. a. a. O. lässt irrig durch Basilius die Slaven aufgeboten werden, deren Abfall er doch selbst schon unter der Regierung Michaels III. berichtet hat.

[2]) Eine Aufreizung zum Abfall von Byzanz, wie Gfrörer sie p. 126—128 annimmt, hat indessen, wie aus Obigem hervorgeht, nicht stattgefunden; denn die Südserben waren selbstständig, und ihre Unterwerfung unter Byzanz wie ihre Bekehrung hatte sich nicht, wie Gfrörer nach Const. Porph. behauptet, vor der Einnahme Baris vollzogen, sondern geschah erst später, wie Dümmler nachgewiesen, s. Sitzungsberichte XX, 404 u. 405, bes. 404 Anm. 3. Dass in diesen Jaren die Croaten und Südserben überhaupt vereinigt auftreten, ja damals vielleicht sogar ein gemeinsames Oberhaupt hatten, zeigt Gfrörer II, 68.

fortzusetzen; ja wenn wir hören, dass der päpstliche
Bibliothekar Anastasius, der zugleich mit den päpstlichen
Bevollmächtigten zum constantinopolitanischen Concil, in
Byzanz sich aufhält[1]), vom Kaiser mit Fürung dieser
Verhandlungen beauftragt ist, — wenn wir lesen, in wel-
chem Tone derselbe über diese Angelegenheit an Papst
Hadrian II. berichtet[2]), so scheint es fast als habe Ludwig
nur deshalb im Jare 869 das Bündniss sogleich abzuschliessen verweigert, weil er es nicht für angemessen hielt, einen
so wichtigen Schritt ohne päpstliche Zustimmung zu tuen.
Da nun indess diese erfolgt war, so wurden die Verhandlungen in Constantinopel, wärend das Concil bezüglich des
Photianischen Schismas tagte, also von October 869—Februar 870, durch den genannten Anastasius, sowie zwei
andere kaiserliche Gesandte gefürt[3]); allein, nach den folgenden Ereignissen zu schliessen, hatten sie nicht den gewünschten Erfolg. Die Verlobung Constantins mit Irmengard ward nicht vollzogen (wie alle Verlobungen, die seit
Pipins Zeit zwischen den fränkischen und byzantinischen
Herrscherhäusern geplant worden sind), und die im Winter
870 und 871 allerdings vor Bari eintreffende Flotte schien
nicht die Aufgabe zu haben ernstlichen Beistand zu leisten,
sondern nur die Ereignisse zu beobachten und die Erfolge
auszubeuten. Vermutlich hatte Basilius erkannt, dass er

[1]) **Anastasius selbst war nicht** päpstlicher Bevollmächtig-
ter auf dem Concil; er selbst unterscheidet sich in seinem Berichte
scharf von den „loci servatores" des Papstes, s. Mansi XVI, 9.

[2]) Mansi XVI, 8 (Bericht des Biblioth. Anast. an Hadrian II.):
Accidit, me, famulum vestrum, missum a Ludovico piissimo imperatore, cum duobus aliis viris insignibus interesse, ferentes etiam legationem ab apostolicis meritis decorato presulato vestro causa nup-
tialis commercii, quod efficiendum ex filio imperatoris Basilii et
genita — — augusti. — — In tam enim pio negotio, quod ad utri-
usque imperii unitatem immo totius Christi ecclesiae libertatem per-
tinere procul dubio credebatur, praecipue summi pontificis
vestri quaerebatur assensus.

[3]) Mansi XVI, 158 werden Ludwigs Gesandte genannt: Anastasius bibliothecarius Romae, Suppo — primus concofarianorum —
consobrinus uxoris eius et Evrardus praepositus mensae ipsius.

seine Pläne besser verwirklichen könne, wenn er durch keinerlei Verpflichtungen gegen Ludwig gebunden sei. Unter diesen Umständen säumte nun auch Ludwig nicht, ohne jede Rücksicht auf das Ostreich, seine Vorteile weiter zu verfolgen. Im Sommer 870 empfing er eine Deputation aus Calabrien (also griechischem Gebiet), welche ihm Unterwerfung, Treueid und Tributzalung zusicherte, wenn er sie von dem saraccnischen Joch befreien werde. Ludwig ging darauf ein, sandte ein Heer nach Calabrien und empfing noch vor erfochtenem Siege den Treueid der Calabresen [1]). Auch in dem gleichfalls byzantinischen Herzogtum Neapel wusste Ludwig, der besonders mit dem dortigen Bischof Athanasius Beziehungen unterhielt, Einfluss zu gewinnen. Schon unmittelbar vor Beginn der Belagerung von Bari hatte der Kaiser, der ein völlig unbegründetes Oberhoheitsrecht in Neapel beansprucht zu haben scheint [2]), die Stadt besetzen wollen und war nur durch Vorstellungen jenes, seines Vertrauensmannes, davon abgehalten worden [3]). Jetzt benutzte er den Umstand, dass Herzog Sergius von Neapel den Bischof Athanasius, seinen Oheim, auf der Insel Nisida gefangen hielt, dazu, um den gleichfalls von Byzanz abhängigen Präfecten von Amalfi, Marinus, zur ge-

---

[1]) Andreas Bergomas cap. 14: Nuncii venerunt de finibus Calabriae dicentes: Domine imperator, vestri esse volumus et per vestram defensionem salvi fore confidimus. Gens Sarracinorum venerunt, — —; tantum ad vos petimus, ut des nos caput confortacionis, qui nos adjuvent et confortent. Sacramenta vobis damus, tributa solvimus". Tunc domnus imperator — — elegit strenuis et nobilissimis viris; — — tunc simul cum ipsis missis perrexerunt et unde egerunt firmitatis sacramenta receperunt, et adunantes secum magis ac magis fideles populus etc. Dümmler I, 704 berichtet nur von dem glücklichen Feldzug, verschweigt aber die Abnahme des Treueides.

[2]) Wenigstens tut er dies in dem bald darauf geschriebenen Briefe an Basilius.

[3]) Gesta episcoporum Neapol. cap. 64: Neapolitanam non est ingressus civitatem, quia tantam iste Athanasius familiaritatem apud eum obtinuit, ut saltem in modico non amaricaretur ab eius potestate.

waltsamen Befreiung des Bischofs aufzureizen [1]). Nachdem
dieser Anschlag gelungen, ging Ludwig sogar so weit, von
Sergius diejenigen Leistungen (wahrscheinlich in diesem
speciellen Fall das „fodrum") zu fordern, welche der ab-
hängige Fürst seinem Oberherrn schuldete, und liess dann
sogar, als diese Forderung nicht erfüllt ward, ein Heer
verwüstend in Neapel einfallen, unter dem Vorwande, Sergius auf diese Weise zum Bruche des Friedens zu zwingen,
welchen Neapel schon seit längerer Zeit mit den Saracenen
geschlossen hatte [2]). Diese fortwärenden Eingriffe in seine
Hoheitsrechte lieferten Basilius einen gewiss erwünschten
Anlass, feindlich gegen Ludwig aufzutreten. Als dieser auf
der Höhe seiner Macht stand, als Bari zu Anfang 871 mit
geringer Beihülfe der griechischen Flotte [3]), die unter dem
Patricius Georgius stand, erobert worden war, erhielt Lud-

---

[1]) Gesta episc. Neap. cap. 65: (Athanasius episcopus) insinuavit
ei, quae et quanto a suo pateretur nepote. Tunc ille ex urbe Bene-
ventana Marino seniori Amalphitanorum praecepit, ut illum ex prae-
dicta insula cum omnibus eius hominibus incolumem, quo vellet,
perduceret. Marinus autem imperata (!) complere festinans, Surren-
tum illum cum omnibus salvum perduxit.

[2]) s. die Selbstverteidigung Ludwigs in seinem Briefe an Basilius, Chron. Salern. p. 526: Postremo de Neapoli nobis in Christo
fraternitas tua, quasi miserimus populum nostrum ad incidendam
arborem et messem ignem cremandam et hanc ditioni nostrae sub-
dendam; cum licet ab olim nostrum fuerit et parentibus nostris
piis imperatoribus tributa persolveret (!), verum nos ab eius civibus
praeter solitas functiones (!) nihil exegimus, nisi salutem
ipsorum, videlicet ut desererent contagia perfidorum. Dümmler I,
709. 710 referirt diese Ereignisse bloss im Zusammenhange des Briefes, wodurch sie allerdings eine etwas andere Färbung als in unserer Darstellung erhalten.

[3]) Nicht die beiderseits parteiischen und übertriebenen Berichte
der Franken und Griechen (Brief Ludwigs p. 525; Const. Porph.,
Theoph. Cont. p. 293) sind hiefür entscheidend, sondern der Umstand, dass in den langobardischen Chroniken der griechischen Mitwirkung überhaupt keine Erwänung getan wird, s. Dümmler I, 705;
Sitzungsberichte XX, 402; Gfrörer II, 123. Falsch ist jedenfalls
auch die Angabe des Const. Porph., dass die Griechen die gesammte
Beute erhalten hätten.

wig ein Schreiben des Kaisers Basilius, dessen Inhalt uns
leider nur in dem gewiss nicht unparteiischen Referate des
kaiserlichen Antwortschreibens aufbewart ist. Jedenfalls
fürte Basilius die bitterste Klage über das Vorgehen
Ludwigs in Neapel, wie es scheint, auch in Calabrien, und
ergriff zugleich diesen Anlass, um den ganzen Widerwillen,
den der byzantinische Hof von jeher gegen das neuerstan-
dene Kaisertum des Westens gehegt hatte, zum vollen Ausdruck zu bringen. Er verweigerte Ludwig nicht nur den
Kaisertitel, sondern verspottete sogar die allzu „neue" und
im Grunde nur fränkische, nicht römische Kaiserwürde;
er erlaubte sich sogar, dem Kaiser Vorwürfe wegen unge-
hörigen Benehmens seiner Gesandten in Constantinopel,
und wegen Feigheit seiner Truppen vor Bari zukommen
zu lassen. Zu gleicher Zeit sandte er eine Flotte ab, um
unter Fürung des Patricius Nicetas das Gebiet der dalmatischen Slaven, welche Ludwig bei der Belagerung Baris
unterstützt hatten, zu verwüsten und dort die griechische
Herrschaft „wieder in Erinnerung zu bringen" [1]. Als Vorwand diente die durch narontanische Seeräuber geschehene
Gefangennehmung der von Byzanz zurückschiffenden päpstlichen Concilsbevollmächtigten, und wir hören nicht, dass
Nicetas seinen Rachezug auf das Gebiet der früher griechischen Slaven beschränkt habe.

Die Antwort, welche Ludwig auf diese Vorfälle hin an
Basilius richtete [2], ist von Dümmler [3] und von Gregorovius [4] so ausfürlich analysirt worden, dass eine vollständige Wiedergabe überflüssig erscheint, und ich mich auf
die Beleuchtung einzelner Punkte beschränken werde. Zunächst ist hervorzuheben, dass das Schreiben durchaus
Parteischrift, nicht objective Darlegung ist; eine Reihe
unberechtigter Massregeln Ludwigs werden, im Tone höch-
stens Selbstvertrauens und Siegesstolzes, mit völlig will-

[1] Dümmler, Sitzungsberichte XX, 402.
[2] Chron. Salern. 521—527.
[3] Geschichte des ostfränkischen Reichs I, 707—710.
[4] Geschichte der Stadt Rom III, 181—184.

kürlichen Gründen verteidigt; so sein Verfaren gegen Neapel, gegen die dalmatischen Slaven, die er einfach ohne Unterschied als „nostri" bezeichnet; ferner wird in der Darstellung des Sieges, den er „über drei Emire" in Calabrien erfochten, der Hauptpunkt, die Abnahme des Treueides, übergangen [1]); schliesslich wagt Ludwig sogar den Kaiser zur schleunigen Mitwirkung bei Wiederherstellung der „früheren Freiheit" Siciliens aufzufordern.[2]), wärend doch Sicilien vor der Saracenenherrschaft durchaus nicht frei, sondern byzantinische Provinz gewesen war.

Ebenso willkürlich im Einzelnen, wenn auch in dem Hauptpunkte berechtigt, ist der Passus, in dem Ludwig sein Recht auf die Kaiserwürde begründet und dem byzantinischen Herrscher dieses Recht bestreitet. Besonders bedeutungsvoll ist hier, wie Gregorovius schon hervorgehoben, die alleinige Ableitung der Kaiserwürde aus der päpstlichen Salbung, deren Erteilung dann sogar von der „Orthodoxie" des betreffenden Herrschers abhängig gemacht wird [3]). Nur an einer Stelle wird auch das nationale Moment hervorgehoben, aber ihm keine entscheidende Bedeutung beigelegt [4]). Hiemit war die Unterordnung des Kaisertums über das Papsttum, wie unter Karl dem Grossen sie faktisch bestanden hatte, vollständig in das Gegenteil umgewandelt!

Der gesammte provocatorische und selbstgewisse Ton des kaiserlichen Schreibens zeigt, dass an eine Versönung

---

[1]) Diese Angabe Ludwigs combinirt auch Dümmler (nach Muratori) mit Andr. Berg. cap. 14 (Gesch. des ostfränkischen Reichs I, 704 Anm. 43).

[2]) Siciliam pristinae disponimus restituere libertati (p. 527).

[3]) p. 523: Francorum principes primo reges, deinde imperatores dicti sunt, hii dumtaxat, qui a Romano pontifice ad hoc oleo sancto perfusi sunt. — p. 524: per orthodoxiam regimen imperii Romani suscepimus, Graeci vero propter kakodoxiam inde Romanorum imperatores exsistere cessaverunt.

[4]) L. sagt, die byzantinischen Herrscher hätten die römische Kaiserwürde verloren: deserentes non solum urbem et sedem imperii, sed etiam gentem Romanam et ipsam quoque linguam.

mit Basilius, dem ja überhaupt das Recht des „römischen"
Kaisertitels abgesprochen wurde, an ein ferneres Bündniss
mit den Griechen nicht gedacht wurde. Ohne Zweifel
wünschte der Kaiser auch Sicilien auf eigene Hand und zu
eigenem Gewinn zu erobern. Allein diese Pläne und mit
ihnen die gesammte schon erreichte Machtstellung Ludwigs
wurden binnen kürzester Frist durch den Verrat des Herzogs
Adalgis von Benevent mit einem Schlage zerstört. Die Ein-
zelheiten dieses vielbesprochenen, in fast allen Chroniken
der Zeit erwänten Ereignisses gehören nicht hieher; nur
die Frage nach einer etwaigen Mitwirkung der griechischen
Politik muss hier erörtert werden¹). Ohne Zweifel muss
das Hauptgewicht hier auf das Zeugniss der langobardischen, weil bestunterrichteten Annalisten gelegt werden.
Von diesen sagt Erchempert aus, dass Uebergriffe und Aus-
schreitungen der kaiserlichen Truppen Adalgis veranlasst
hätten, sich dieser lästigen Beschützer zu entledigen²), berichtet somit nichts von dabei tätig gewesenen, äusseren
Einflüssen; Johannes dagegen berichtet in seiner Chronik
der neapolitanischen Bischöfe, einer für diese Verhältnisse
durchaus zuverlässigen Quelle, dass auch der Herzog von
Salerno und Sergius von Neapel³) an der Verschwörung

---

¹) Gfrörer II, 124 hat eine Mitwirkung der Byzantiner angenommen, nach Reginos Chron. 871: „Graecorum persuasionibus cor-
ruptus". Dümmler I, 711—714 leugnet dieselbe, weil zuverlässigere
Annalen nichts davon berichten. Allerdings schweigt Hincmar 871.
p. 492 gänzlich über die Urheberschaft; allein er ist offenbar über
diese unteritalischen Vorgänge nur ungenügend informirt. Was
Const. Porph. berichtet (De administr. imperii 131 —133, Cont. Theoph.
294—296), dass der in Benevent gefangen gehaltene frühere Herrscher von Bari (Σολδανος = Sultanus) den Herzog Adalgis zum Verrat angestachelt habe, ist durchaus sagenhaft.

²) Erchemp. cap. 34: Coeperunt Galli graviter Beneventanos per-
sequi ac crudeliter vexare; qua de re et Adalgisus princeps adversus
Lodoguicum augustum erectus.

³) Gesta episcop. Neapol. c. 65: Beneventani et Salernitani, ae-
mulatores tantae bonitatis praedicti imperatoris (Befreiung des Bischofs Athanasius), insurrexerunt cum consilio Sergii ducis contra
eum.

Teil genommen hätten; der letztere gereizt durch das schon
oben berichtete Eingreifen Ludwigs in die inneren Verhältnisse von Neapel.

Somit lässt sich unsere Frage jetzt dahin präcisiren,
ob Sergius von Neapel durch seinen Oberherrn Basilius
zu der Intrigue gegen Ludwig beauftragt war. Obgleich
sich kein Beweis für die Bejahung dieser Frage füren
lässt, so wird doch die Wahrscheinlichkeit eines derartigen
Auftrages eine sehr grosse, wenn wir berücksichtigen, dass
gerade das Vorgehen Ludwigs gegen Neapel schon die Aufmerksamkeit und das Missfallen des byzantinischen Kaisers
erregt hatte und dass derselbe somit offenbar in Verbindung mit Sergius stand. Die Folgen des beneventanischen
Verrates waren auch in der Tat für die Pläne des Basilius
so günstig, dass seine Miturheberschaft an jenem Verrat
schon von diesem Gesichtspunkte aus sehr wahrscheinlich
wird. Eine bestimmte Behauptung jedoch lässt sich in
dieser Beziehung nicht aufstellen.

Seit dem traurigen Ende seiner so gross angelegten
Unternehmung musste Ludwig nun auf jedes weitere Eingreifen in Unteritalien verzichten und ruhig zusehen, wie
die Früchte dieser seiner Untätigkeit allmählich Basilius
zu Gute kamen. Dieser beeilte sich jedoch gar nicht, dieselben einzuerndten, sondern wartete, des Erfolges gewiss,
bis sie ihm in den Schooss fielen. Dies geschah in der
Tat nach kurzer Zeit. Denn wenn auch Salerno sich durch
einen mit den Saracenen geschlossenen Frieden (wie auch
Neapel, Gaëta und Amalfi) seinen Bestand gesichert hatte,
so konnte doch Benevent, auf seine alleinigen Kräfte angewiesen, schon im Jare 873 sich der Saracenen nicht mehr
erwehren, und sah sich genötigt, die Hülfe des byzantinischen Kaisers zu erbitten und zum Dank für dieselbe seine
Unterwerfung unter das Ostreich, die Zalung des früher
dem fränkischen Kaiser entrichteten Tributes in Aussicht
zu stellen. Selbstverständlich ward dies Anerbieten angenommen, ausreichende Hülfe gegen die Saracenen durch
eine Flotte unter dem Befehl des Patricius Gregor gewärt

und dem Herzog die Würde eines kaiserlichen Exarchen verliehen [1]).

Constantin Porphyrogenitus hat völlig Recht, wenn er in diesem Ereigniss den Beginn der unbestrittenen Herrschaft in Unteritalien sieht, welche die Byzantiner nun bis zu den Zeiten Ottos des Grossen ausübten [2]). Denn wenn auch Benevent sich später noch mehrmals eine temporäre Unabhängigkeit erstritten hat, so bildete doch dieselbe stets nur eine kurze Unterbrechung der Zugehörigkeit zum Ostreiche, welche, nach der Vertreibung Ludwigs II. zum ersten Mal, durch die Herzöge von Benevent anerkannt wurde [3]). Kaiser Ludwig hat dieses bedeutungsvolle Ereigniss wahrscheinlich noch erlebt; bald darauf jedoch hat er noch im Jare 875 sein wechselvolles, durch so schwere Enttäuschungen verbittertes Leben beschlossen [4]). Mit ihm,

[1]) Ann. Bert. Hincm. 873. p. 495: Pervento patricio imperatoris Grecorum cum hoste in civitate quae Hydrontus dicitur, in auxilium Beneventanorum, qui censum, quod imperatoribus Franciae eatenus dabant, illi persoluturum se promittebant.

Erchemp. cap. 87 berichtet zwar nur von einer Unterwerfung Baris unter die Griechen, und sagt cap. 88: Greci crebrius legatos cum scedis Benevento, Salerno et Capua dirigebant, ut ab his auxiliarentur contra Saracenos; set hi uno animo eorum spernebant flagitationes; aber diese Zurückweisung kann nur als eine momentane gelten; denn Erchemp. selbst berichtet, dass schon wenige Jare später sich Salerno den Griechen unterworfen habe (cap. 54); ferner nennt Erchemp. cap. 76 den griechischen Feldherrn Constantin, den Besieger des Herzogs Ajo von Benevent, „rebelles imperatorum viriliter impugnantem"; endlich sagt der gut unterrichtete Georgios Hamartolos (edit. Muralt) p. 770 von demselben Ajo: Ἄγιων, ὁ Λογγιβαρδίας ἔξαρχος καὶ δοὺξ, ἀνετῆρε τῷ βασιλεῖ, πᾶσαν τὴν χώραν εἰς ἑαυτὸν δουλωσάμενος (so auch Const. Porph., Cont. Theoph. 356). Eine Unterwerfung Benevents hat somit jedenfalls stattgefunden, und es ist daher am nächstliegenden, sie mit jenem Hülfsgesuche in Verbindung zu bringen.

[2]) De administr. imp. 136: καὶ ἔκτοτε καὶ μέχρι τοῦ νῦν καὶ οἱ τῆς Καπύης καὶ οἱ τῆς Βενεβενδοῦ εἰσὶν ὑπὸ τὴν ἐξουσίαν τῶν Ῥωμαίων.

[3]) Arichis, der schon 787 den Treueid leisten wollte, starb bekanntlich, ehe die Absicht ausgefürt war.

[4]) Dümmler I, 775 spricht die Ansicht aus, die griechischen Ge-

dem letzten Repräsentanten der selbstständigen Kaisermacht,
endigen auch die Beziehungen zwischen den römischen und
byzantinischen Kaisern.

Von den späteren Königen von Ost- oder Westfranken,
welche die Kaiserkrone nur als eine Zugabe zu ihren son-
stigen Würden betrachteten, hören wir nicht, dass sie irgend welchen Verkehr mit Constantinopel unterhalten hätten. Somit erübrigt zum Abschluss unserer Untersuchung
nur noch, über die endgültigen Schicksale der bisher zwischen den Kaiserreichen streitigen Gebiete zu berichten.

Zuerst fiel nach dem Tode Ludwigs Croatien und Dalmatien dem Kaiser Basilius zu; die fränkische Herrschaft
war seit jenem Kriegszuge des Patricius Nicetas dort wol
nicht mehr zur Geltung gekommen; im Jare 877 nun zog
es der eben zur Herrschaft gelangte Herzog Sedesclav vor,
sich dem mächtigen Griechenkaiser unterzuordnen. Das
gesammte Land von der istrischen Grenze bis Dyrrhachium
ward darauf in vier Provinzen, die unter einheimischen
Häuptlingen stehen sollten, geteilt und es wurden zugleich
die Bewohner, soweit sie noch heidnisch gewesen waren,
zur Annahme des Christentums genötigt [1]).

Was Venedig betrifft, so blieb seine Stellung inmitten

---

sandtschaften, welche 872 und 873 (Ann. Fuld.) am Hofe Ludwigs
des Deutschen erscheinen, hätten die Aufgabe gehabt, über die
zukünftige Erbfolge in Italien und etwaige Abtretungen an das byzantinische Reich (p. 809) zu verhandeln. Wenn dies der Fall gewesen, was sich nicht entscheiden lässt, so ist man jedenfalls zu
keiner Verständigung gekommen.

[1]) Const. Porph., Cont. Theoph. 291: Οἱ τε Χρωβάτοι καὶ οἱ Σέρβλοι καὶ οἱ λοιποὶ — — σπουδὴν ποιοῦνται πάλιν πρὸς τὴν Ῥωμαϊ-
κὴν ἐπαναχθῆναι δούλωσιν — — κτλ. Joh. Diac. p. 21: Sedesclavus
— — imperiali fultus praesidio Constantinopolim veniens Sclavorum
ducatum arripuit. Andr. Dand. (Murat. XII, 182), der aber, wie
Gfrörer II, p. 148 nachweist, die Bekehrung der Mähren (unter
Swatopolk) mit der der Südslaven vermengt.

Die gesammte Frage über Unterwerfung und Bekehrung der
Südslaven hat zuerst Dümmler ausreichend beantwortet: Archiv für
österreichische Geschichtsquellen X, 79; Sitzungsberichte XX, 403
—405.

.beider Reiche ungeändert. Noch im Jare 883 hat Karl der Republik ein Privileg erteilt, in welchem nach der hergebrachten Form die gewonten Begünstigungen des venetianischen Handels gewärt und die Freiheit der im Gebiet des Westreichs belegenen venetianischen Besitzungen zugesichert wird [1]).

In Unteritalien erhielt die Griechenherrschaft ihren Abschluss durch die Eroberung Salernos. Herzog Waifar hatte die Oberhoheit Kaiser Karls des Kahlen noch anerkannt: da er aber von diesem genötigt war, sein Bündniss mit den Saracenen aufzugeben [2]), so geriet das Herzogtum, das weder bei Karl dem Kahlen noch dem Dicken irgend eine Unterstützung finden konnte, in eine so bedrängte Lage, dass der Nachfolger Waifars, Herzog Waimar, noch vor dem Jare 890 sich unter die schützende Oberhoheit der Byzantiner begab [3]).

[1]) Andr. Dandolo (Murat. XII) 189. Gfrörer (I, 211) hat aus einem von der sonst üblichen Fassung dieser Urkunden abweichenden Passus schliessen zu müssen geglaubt, dass der Doge (Johann Participazzo) Venedig Karls des Dicken Oberhoheit unterstellt habe. Allein der betreffende Passus besagt nur, dass der Doge seinen Privatbesitz (suam proprietatem quam in Venetia haberet judicialiter) unter kaiserlichen Schutz gestellt habe, was das Aequivalent für das dem Dogen persönlich gewärte Recht völlig freien Handels (auch mit Erlass der für die übrigen handeltreibenden Veneter verbindlichen telonaria et ripatica) gewesen sein mag. Dümmler (II, 218) berürt diesen Punkt nicht.

[2]) Erchemp. cap. 39: Cum Carlus, filius Judittae, sceptrum insigne Romam suscepisset, — — Guaiferius in omnibus obtemperans, et foedus (c. Sarac.) dirrupit et multos ex eis peremit.

[3]) Erchemp. cap. 54. Der Zeitpunkt der Unterwerfung ist nicht genau zu bestimmen. Urkundlich sicher ist, dass Waimar 886 kein Abhängigkeitsverhältnis zu Karl dem Dicken mehr anerkannte (Cod. Cavensis I, N. 101. Herzogliche Urkunde ohne Datirung nach Kaiserjaren); ob er aber damals schon sich Byzanz unterstellt hatte, ist ungewiss. Dagegen erscheint 890 (Cod. Cav. N. 102) Waimar bereits als „Patricius", somit als byzantinischer Würdenträger.

Somit war es Basilius gelungen, den zwischen beiden Kaiserreichen obwaltenden Streit in allen Punkten zu Gunsten des Ostreiches zu entscheiden. Die Errungenschaften Karls des Grossen, sowol in Bezug auf Anerkennung der Kaiserwürde als in Bezug auf die territoriale Abgrenzung, waren seinen Nachfolgern fast sämmtlich entrissen worden. Aber dieser Sieg war doch nur ein äusserlicher; denn die universale Geltung des byzantinischen Kaisertums konnte doch nicht wiederhergestellt werden; der Gedanke, dass der Occident eine selbstständige, in sich geschlossene Gemeinschaft sei, welche ein gemeinsames Oberhaupt in der Person des römischen Kaisers erheische, blieb ungeschwächt bestehen, bis er nach kaum einem Jarhundert durch Otto den Grossen auch wieder zur vollsten tatsächlichen Geltung gebracht ward.

Excurs.

Ueber den officiellen oder privaten Ursprung der von Pertz als Annales Laurissenses majores und Annales Einhardi bezeichneten Annalen.

Wenn ich diese im Lauf der letzten Jarzehnte schon so vielfach durchforschten und kritisch gewürdigten Annalen[1]) hier einer neuen Betrachtung unterwerfe, so geschieht dies nicht in der Absicht, die verwickelten und schwierigen Einzelfragen, welche, hier aufgeworfen und eingehend behandelt, teils schon befriedigend gelöst, teils für die Art der kritischen Verwertung jener Annalen ohne unmittelbare Bedeutung sind, — einer nochmaligen Untersuchung zu unterziehen; vielmehr soll hier nur diejenige Hauptfrage kurz beleuchtet werden, von deren Entscheidung die gesammte Beurteilung jener Annalen als historischer Quelle zum grossen Teile abhängig erscheint: die Frage nach dem officiellen oder privaten Ursprung des gesammten Schrift-

---

[1]) Ich stelle die wichtigsten Erscheinungen der umfangreichen Literatur hier zusammen: Ranke, Zur Kritik fränkisch-deutscher Reichsannalisten. Abhandl. der Berliner Akad. 1854. Waitz, Zu den Lorscher und Einhards Annalen Nachrichten v. d. Göttinger Univ. 1857. Giesebrecht, Die fränkischen Königsannalen. Münchner histor. Jarbuch 1864. Ebrard, Ueber die fränkischen Königsannalen. Forschungen Bd. XIII. Dünzelmann, Beiträge zur Kritik. Neues Archiv II. Wattenbach, Geschichtsquellen. 4. Aufl. I, 156 —167. Arnold, Beiträge zur Kritik karoling. Annalen I. Sybel, Ueber die karolingischen Annalen. Historische Zeitschr. VI, 260—288. Simson, Zur Frage nach der Entstehung der sogenannten Annales Laur. maj. Forschungen XX, 205—214.

werkes. Diese Frage, welche seit einem Vierteljarhundert
bereits für gelöst galt, ist bekanntlich in neuester Zeit
wiederum Gegenstand einer Controverse geworden, da Sybel
in dem oben angefürten Aufsatze die officielle Abfassung
entschieden geleugnet, Simson ihm gegenüber dieselbe, wenn
auch mit geringerer Bestimmtheit aufrecht zu erhalten gesucht hat. So sehr ich nun auch mit den Auseinander-
setzungen Simsons übereinstimme, so scheint es mir doch
nicht unmöglich, das Gewicht seiner Argumente noch durch
einige weitere Ausfürungen zu verstärken. Simson nimmt
den Ausgangspunkt seiner Untersuchung gewiss mit Recht
von der allerdings offen zu Tage liegenden Lücke der Be-
weisfürung Sybels, nämlich von der Beschränkung seiner
Spezialuntersuchung auf den ersten Teil der Ann. Laur.
maj. mit fast völliger Beiseitelassung des zweiten Teiles,
sowie der gesammten Annales Einhardi. Sicherlich kann
der Beweis, dass zu Karls des Grossen Zeit überhaupt keine
officielle Annalistik existirt habe, nur mit Berücksichtigung
des ganzen annalistischen Materials gefürt werden,
wärend der Beweis für die Existenz einer solchen Annalistik seiner Zeit von Ranke sehr wol auf Grund einzelner
schlagender Stellen gefürt werden konnte.

Die Forderung, auch den zweiten Teil der Ann. Laur.
maj. sowie die Ann. Einh. genau zu prüfen, hat nun aber
Simson zwar ausgesprochen, ihre Ausfürung aber nur beiläufig, an wenigen Punkten, selbst in Angriff genommen.
Es dürfte daher nicht überflüssig erscheinen, wenn ich den
von Simson gewünschten Beweis wenigstens in einigen Beziehungen zu liefern versuche.

Andererseits hat Simson in seinem Bestreben, die officielle Abfassung des zweiten Teiles der Ann. Laur. maj.
wie auch der Ann. Einh. zu retten, dem ersten Teile weniger sein Interesse zugewandt, die Ausfürungen Sybels
nur in vereinzelten Punkten näher untersucht, demgemäss
den officiellen Ursprung dieses Teiles fast preisgegeben,
wenigstens als äusserst zweifelhaft hingestellt. Auch nach
dieser Seite hin erscheint mir daher eine Ergänzung seiner
Ausfürungen wünschenswert.

Demgemäss werde ich zunächst diejenigen einzelnen Punkte aus den Ann. Laur. maj. (741—788) näher zu beleuchten suchen, welchen Sybel die früher von Ranke behauptete Beweiskraft, hinsichtlich der officiellen Abfassung jener Annalen, zu bestreiten gesucht hat.

1) Die Beschönigung der durch die Franken bei Lidbach (775) und am Süntel (782) im Kampf gegen die Sachsen erlittenen Unglücksfälle will Sybel nicht durch höfische Rücksichten, sondern durch ungenügende Sachkenntniss des Annalisten erklärt wissen; der Mangel an ausreichender Information, meint er, sei durchaus nicht überraschend, wegen der geringen Bedeutung der in Rede stehenden Vorfälle. Wenn nun auch die letztere Behauptung bezüglich des Kampfes bei Lidbach bis zu einem gewissen Grade zuzugestehen ist, da dieser Kampf in der Tat mit einem, für die Franken zwar, wie es scheint, ungünstigen [1]) Waffenstillstande seinen vorläufigen Abschluss fand, so ist dagegen doch die Niederlage am Süntel durchaus nicht als unentschiedener oder unbedeutender Zusammenstoss nach den uns vorliegenden Quellenangaben zu erweisen. Die Ann. Einh. sagen von diesem Kampfe ausdrücklich: Paene omnes (Francorum) interfecti sunt; qui tamen evadere potuerunt, non in sua, — — sed in Theoderici castra, quae trans montem erant, fugiendo pervenerunt. Sed maior Francis, quam pro numero, jactura fuit, quia legatorum duo, — — comitum quatuor, aliorumque clarorum atque nobilium usque viginti interfecti. Freilich schliesst Sybel aus den Worten: Sed maior — — — fuit, dass der nu-

---

[1]) Die Ann. Einh. sagen: pactum, quod inter eos in tali necessitate fieri poterat. Diese Worte deuten schon durch ihre gesuchte und verschleiernde Form darauf hin, dass der Vorteil nicht auf fränkischer Seite war. Den Ausdruck „talis necessitas" auf die Lage der Sachsen zu beziehen, wie Sybel tut, sehe ich keinen Grund. Die Sachsen, auch wenn ihr Angriff abgeschlagen war, konnten, im eigenen Lande, auch ohne Waffenstillstand sich leicht in Sicherheit bringen, befanden sich keineswegs in einer „Zwangslage" (necessitas). In einer solchen befand sich dagegen das fränkische Heer, welches, in Feindesland isolirt, eine bedeutende Schwächung erlitten hatte.

merische Verlust der Franken ein geringer gewesen sei;
allein ich finde das in jenen Worten nicht ausgesprochen.
Vielmehr erhellt aus denselben, dass eine Heeresmacht,
welche von zwei Legati und mindestens vier comites gefürt
ward, die daher sicherlich an Zal nicht gering gewesen,
fast völlig (paene omnes) vernichtet worden ist. Die Niederlage war daher zweifellos eine sehr bedeutende, und
wenn der ältere Annalist in gutem Glauben von ihr als
von einem Siege berichtet hätte, so würde er in der Tat
einen äusserst weitgehenden Mangel an Sachkenntniss damit bekunden. Nun ist aber der Annalist (wie Sybel selbst
zugibt) hinsichtlich wichtiger Ereignisse der Sachsenkriege sonst sehr gut informirt, und seine Entstellung des
genannten Vorganges kann daher nur als eine absicht-
liche aufgefasst werden.

2) In ähnlicher Weise wie die oben besprochenen Fälle
sucht Sybel auch das Verschweigen der Niederlage von
Roncesval zu erklären, welche er als ein blosses Arrière-
gardengefecht ohne weittragende Bedeutung auffasst. Allein auch hier scheint mir der Bericht der Ann. Einhardi
dieser Auffassung zu widersprechen; sie besagen wol, dass
der Angriff der Basken zunächst sich gegen die Arrièregarde richtete, dass aber im weiteren Verlauf des Kampfes
das ganze Heer in Mitleidenschaft gezogen wurde: totum
exercitum magno tumultu perturbant. Dass das Wort „perturbant" hier in concretester Bedeutung zu nehmen ist,
bezeugt der weitere Satz: plerique aulicorum, quos rex co-
piis praefecerat, interfecti sunt, direpta impedimenta —
—. Sicherlich ist nicht anzunehmen, dass der grösste Teil
der Befehlshaber sich allein bei der Arrièregarde aufgehal-
ten habe, und ebenso wenig wahrscheinlich ist, dass der
Train des Heeres sich bei der äussersten Nachhut befand,
die auf dem Rückmarsch doch am meisten Angriffen aus-
gesetzt war und den mindest geeigneten Aufenthaltsort für
die nicht kampffähigen Teile des Heeres bot.

Dass endlich der gesammte Vorfall von Karl dem
Grossen selbst durchaus nicht als gleichgültig und unbe-
deutend betrachtet worden ist, bezeugen die Annalen aus-

drücklich mit den Worten: „Cujus vulneris acceptio magnam partem rerum feliciter in Hispania gestarum in corde regis obnubilavit". Ich glaube daher, dass allzu geringe Bedeutung des fraglichen Ereignisses nicht als Erklärungsgrund für das Schweigen des älteren Annalisten angefürt werden darf.

3) Gegen die von Ranke aus der ungewönlich genauen Kenntniss einzelner Kriegsereignisse gezogenen Folgerungen polemisirt Sybel, indem er diese genaue Kenntniss nur bezüglich der Ereignisse auf dem nächstgelegenen Kriegsschauplatze, dem sächsischen, zugesteht und hier nur die Erzälung betreffs der Kriegsjare 783 und 784 „einen wirklich höheren Standpunkt gewinnen" lässt, in welchen beiden Jaren jedoch Reichstage zu Worms abgehalten wurden, auf denen auch ein Mönch von Lorsch jene Ereignisse leicht hätte in Erfarung bringen können. Hiebei ist jedoch zu berücksichtigen, dass die Jaresberichte von 783 u. 784 nach allgemeiner Annahme nicht in diesen Jaren selbst, sondern erst einige Jare später verfasst worden sind [1]), und dass daher die Annahme wenigstens keine grosse Wahrscheinlichkeit für sich hat, ein an jenen Wormser Reichstagen nur als Glied des „Umstandes" beteiligt gewesener Mönch habe ohne schriftliche Quelle nach Jaren aus seiner Erinnerung jene so detaillirten Berichte aufgezeichnet.

4) Den Bericht des Annalisten über den Alpenübergang von 773, welchen Ranke als aussergewönlich wertvoll bezeichnet hatte, sucht Sybel durch Nachweis innerer Widersprüche als völlig unzuverlässig und willkürlich zu erweisen. Allein die Widersprüche in den Angaben des an dieser Stelle unstreitig wol informirten Annalisten, dessen Bericht auch durch die Annales Einhardi mit Weglassung jener Widersprüche bestätigt wird, erklären sich vollständig teils durch die grosse Unbehülflichkeit der Darstellung, teils

---

[1]) Die Ansicht von Pertz, dass die Annalen schon seit 768 den Ereignissen gleichzeitig aufgezeichnet seien, ist jetzt wol allgemein verworfen, und wenn auch über den Zeitpunkt des Beginns gleichzeitiger Aufzeichnung noch nicht Einigkeit erzielt ist, so wird derselbe doch frühestens in das Jar 786 gesetzt (von Dünzelmann).

durch das mangelhafte geographische Bild, welches der
Verfasser sich von Ereignissen gemacht hat, bei denen er
selbst gewiss nicht zugegen gewesen war, und welche, als
er sie beschrieb, bereits vor ungefär fünfzehn Jaren sich
vollzogen hatten. Der Annalist berichtet nämlich, dass
Karl vor Ueberschreitung der Alpen sein Heer geteilt (eine
Abteilung zog über den St. Bernhard, eine andere über den
Mont Cenis; bei letzterer befand sich Karl selbst) und an
der den Südostausgang des Mont-Cenis-Passes verteidigen-
den „Clause" wieder vereinigt habe; — wenn er dann ferner berichtet, dass Karl ein Umgehungscorps gegen den
an der „Clause" postirten Desiderius ausgesandt habe, und
dieser, so umgangen, ohne Kampf von der Clause abmar-
schirt sei, — so glaube ich, dass der unbefangene Leser
keinen Zweifel daran hegen kann, dass der König jene
erst erwänte Teilung des Heeres bereits behufs
Umgehung der Clausen vollzogen habe, und dass die
Vereinigung beider Heeresabteilungen dann unmittelbar am
Südostausgange der Clausen[1]) geschehen sei. Sybel hin-
gegen schreibt dem Annalisten die Anschauung zu, der
König habe das anfangs geteilte Heer vor Erreichung
der Clausen sich wieder vereinigen lassen, zu welchem
Zweck der eine Heeresteil eine Reihe gänzlich wegloser
Alpenketten hätte übersteigen müssen; wobei denn auch
für Desiderius gar kein Grund vorgelegen hätte, den Pass
zu räumen. Allein eine derartige unmögliche Vorstellung
hat dem Annalisten sicherlich fern gelegen; er hat sich
überhaupt keine einheitliche Vorstellung von dem Vorgange
gemacht, sondern höchst wahrscheinlich zwei im Wesentlichen übereinstimmende Berichte über jenes Ereigniss, die ihm vorlagen[2]), in seiner Darstellung anstatt
sie zu verarbeiten, ohne jede Kritik bloss nebeneinander-
gestellt. Ohne jede Schwierigkeit lässt sich so der ganze

[1]) Der Annalist sagt „ad clusas", also „an den Clausen", ohne
nähere Bestimmung.
[2]) Auch Wattenbach, 4. Aufl. I, 160, nimmt an, dass „allerlei Auf-
zeichnungen in der Kanzlei" vorhanden gewesen und in den Reichsannalen verwertet sein müssen.

in Rede stehende Passus als aus ungeschickter Wiedergabe wertvoller Berichte entsprungen auffassen.

5) Gegenüber den so auffallend eingehenden Berichten bezüglich der bairisch-beneventanischen Verhältnisse (in den Jaren 786—788) macht Sybel geltend, dass nach eigener Angabe der Annalen Karl auf dem Wormser Reichstage von 787 ein Resumé über dieselben öffentlich mitgeteilt habe. Allein wenn auch zugestanden werden muss, dass auf jenem Reichtstage ein Mönch aus dem nahen Lorsch anwesend sein und auch genügende Informationen zur Abfassung jener Berichte dort empfangen konnte, so können sich jene Informationen doch immerhin nur auf die Jare 786 und 787 bezogen haben; die ebenso ausfürlichen Berichte über das Jar 788, bekanntlich ebenfalls die bairisch-beneventanischen Verhältnisse betreffend, werden durch den Erklärungsversuch Sybels überhaupt nicht berürt und bleiben als gewichtige Zeugnisse für die officielle Abfassung der Annalen bestehen.

Ich glaube demnach an einer Reihe von Punkten gezeigt zu haben, dass die ihnen bisher zugeschriebene Beweiskraft für den officiellen Ursprung des ersten Teiles der Annal. Laur. maj. (— 788) auch durch die Angriffe Sybels nicht erschüttert worden ist.

Ich gehe nun zu dem zweiten Teil meiner Aufgabe über, indem ich versuche, einige weitere Argumente, hauptsächlich betreffs der späteren Abschnitte des Annalenwerkes, den bisher angefürten hinzuzufügen. Ich entnehme dieselben den Berichten über die Beziehungen Karls zu Benevent, zu Venedig und zu Byzanz.

Bezüglich der Beziehungen zu Benevent wissen die Annalen in ihren späteren Abschnitten folgendes zu berichten:

800. Ordinata in Beneventanos expeditione post septem dierum inducias Romam iter convertit et exercitum cum Pipino filio suo in Beneventanorum terras praedatum ire jussit. 801. Et in Italia Teate civitas similiter capta et incensa est, ejusque praefectus Roselmus comprehensus. 802. Luceria frequenti obsidione fatigata et ipsa in dedi-

tionem venit praesidiumque nostrum in ea positum. — — Grimaldus, Beneventanorum dux, in Luceria Winigisum, comitem Spoletii, qui praesidio praeerat, adversa valitudine fatigatum obsedit et in deditionem accepit captumque honorifice habuit. 803. Winigisus a Grimoldo redditus est. 812. Pax — — facta cum duce Benev. G., et tributi nomine viginti quinque milia solidorum auri a Beneventanis soluta. 814. (pactum fuit) ut Beneventani tributum annis singulis septem milia solidos darent.

Man wird zugestehen, dass diese Nachrichten für einen einfachen fränkischen Mönch, der in seinem Kloster Annalen schreibt, sehr genau und detaillirt zu nennen sind, jedenfalls allzu detaillirt für einen Schriftsteller, der, wie Sybel meint, über weiter entfernte Kriegsereignisse sehr schlecht unterrichtet gewesen sein soll. Betrachten wir nun aber, was dieser Berichterstatter verschweigt! Er verschweigt zum Jare 793 den ganzen Feldzug der beiden Söhne des Königs, Pipin und Ludwig, gegen Benevent, der jedenfalls erfolglos ablief und ausser dem von der Calamität einer grossen Hungersnot begleitet war [1]). Er verschweigt ferner im selben Jare noch zwei bedeutende Unglücksfälle, nämlich eine Niederlage der Franken gegenüber den spanischen Saracenen [2]), und die Vernichtung eines ganzen fränkischen Heerteiles, der unter Fürung des Grafen Theoderich durch Friesland marschirte [3]). Hiedurch schrumpft der gesammte Bericht über das Jar 793 auf wenige Zeilen zusammen; ähnlich wie der Bericht

---

[1]) Ann. Laur. 793; Laur. min. 793.

[2]) Ann. Einh. 793.

[3]) Ann. Einh. 793. Die Worte des Chronisten „rex magnitudinem damni dissimulans" könnten die Vermutung nahe legen, es sei dem Könige vielleicht gelungen, die Bedeutung des Unglücksfalles so zu vertuschen, dass der Lorscher Annalist ihn nicht der Erwänung für wert hielt. Allein die Unglücksbotschaft aus Friesland musste in der Gegend von Lorsch früher bekannt werden als am königlichen Hoflager, da dieses sich damals in den bairischen Donaugegenden befand.

über das Vorjar, wo diese auffällige Verkürzung durch die fast völlige Uebergehung der Verschwörung Pipins, über welche andere Annalen ausfürlich berichten[1]), veranlasst wird. Dagegen sind die angrenzenden Jare 791 und 794, welche keine derartigen Anlässe zur Verschweigung boten, viel ausfürlicher behandelt.

Ich gehe zu den fränkisch-venetianischen Beziehungen über. Venedig huldigt bekanntlich im Jare 806 dem Kaiser des Westens; aus diesem und aus andern Gründen bricht darauf der Krieg mit Byzanz aus, und der Annalist zeigt sich über diesen Krieg und speciell über die Rolle, die Venedig in demselben gespielt, ungemein gut unterrichtet. Die zum Teil ziemlich ausfürlichen Angaben finden sich in den Jaresberichten 807 und 809—812. Betrachten wir jedoch wieder, was dieser so wol informirte Erzäler verschweigt, so ist es

1) der nach der Unterwerfung von 806 sehr bald wieder geschehene Abfall Venedigs auf byzantinische Seite.

2) die grosse Niederlage, welche Pipin 810 bei seinem Sturme auf die Rialto-Insel erlitt, und die zur Folge hatte, dass der Angriff überhaupt aufgegeben ward, und die Stadt erst nach längerer Belagerung, durch Hunger genötigt, in die Hände des Königs fiel[2]).

Auch dies Verfaren des Annalisten erheischt wol keinen weiteren Commentar.

Gehen wir endlich zur Untersuchung der byzantinischen Beziehungen über, so sind die Berichte über dieselben allerdings als äusserst dürftig zu bezeichnen. Jedoch wenn wir uns erinnern, dass das orientalische Kaisertum erst 812 das occidentalische als solches anerkannt hat, dass ferner die Frage nach der Berechtigung des neuen Kaisertums gegenüber dem alten die Angehörigen des ersteren selbst beschäftigt hat, wie die künstliche Begründung dieser

---

[1]) Ann. Lauresh.; Laur. min.; Einh. 792.

[2]) Den historischen Nachweis der angefürten Tatsachen habe ich im zweiten Capitel der vorstehenden Abhandlung gegeben.

Berechtigung in den Annales Laureshamenses (800) beweist, so ist es sehr wol verständlich, dass es im Interesse
gerade der officiellen Geschichtschreibung lag, den Inhalt
der lebhaften diplomatischen Verhandlungen, den zudem
nicht immer glücklichen Verlauf der Kriege mit Byzanz
möglichst zu verhüllen. Dabei zeigt sich an manchen Stellen, dass es dem Annalisten an Kenntniss der betreffenden
Verhältnisse nicht fehlt. So berichtet er 786, dass Karl
nach Italien in der Absicht gezogen sei, um dort mit griechischen Gesandten zu verhandeln; über das später tatsächlich erfolgte Zusammentreffen aber und die gepflogenen
Verhandlungen berichtet er gar nichts. Jeder nicht zum
Hofe in Beziehungen stehende Annalist hätte doch nur von
dem Factum, nicht von den königlichen Absichten zu berichten gewusst.

Auch die gänzliche Verschweigung des wärend der
Jare 781—787 am fränkischen und am byzantinischen Hofe
gehegten Vermälungsprojectes kann nur auf absichtlicher
Zurückhaltung beruhen. Denn jenes Project war allbe-
kannt; die Ann. Lauresh. berichten davon schon zum Jare
781; ausserdem befand sich seit demselben Jare ein byzantinischer Abgesandter am fränkischen Hofe, um die erst
heranwachsende Prinzessin Hruotrut in der griechischen
Sprache zu unterrichten. Wenn trotzdem der Annalist
diese Angelegenheit mit völligem Stillschweigen übergeht,
so erklärt sich dies leicht daraus, dass diese Verlobung
kurz vor Abfassung des betreffenden Abschnittes der Annalen (die, wie ich glaube, in das Jar 788 gesetzt werden
muss) im Frühjar 787 gelöst worden war, und zwar in einer für den Frankenkönig nicht gerade rühmlichen Art [1]).

Ein ähnlicher Fall lässt sich auch aus späterer Zeit
anführen: als im Jare 812 nach mehrjärigem Kriege end-

---

[1]) Ueber diese viel ventilirte Frage habe ich im ersten Capitel
meiner Abhandlung gehandelt. Wie es scheint, ist Karl bezüglich
der beneventanischen Verhältnisse den Griechen gegenüber vertrags-
brüchig geworden, und es hat dieser Umstand die Lösung des Verlöbnisses herbeigefürt.

lich der Friede zwischen beiden Kaiserreichen zu Stande kommt, da weiss der Annalist sehr wol hervorzuheben, worauf bei diesem Friedensschlusse das Hauptgewicht gelegt ward: auf die Anerkennung des Kaisertitels durch die byzantinischen Gesandten. Vorher aber hat er von der Nichtanerkennung jenes Titels niemals etwas berichtet, woher es auch kommt, dass die Annalen über die Gründe des zwischen beiden Kaiserreichen ausgebrochenen Krieges so ungenügende Nachrichten geben; denn den wichtigsten jener Gründe bildete eben die Anerkennungsfrage. — — —

Demnach scheint mir unzweifelhaft, dass für alle Teile der Annal. Laur. maj. mannigfache Gründe auf eine officielle Abfassung hindeuten. Freilich hat Sybel die Wahrscheinlichkeit einer solchen auch von allgemeineren Gesichtspunkten aus lebhaft bekämpft. Es sei mir zum Schluss gestattet, auch auf diese weiteren Fragen noch mit wenigen Worten einzugehen.

Es ist eine unleugbare Tatsache, dass, wo uns auch von der literarischen Anregung, die von Karl dem Grossen ausgegangen, berichtet wird, wir niemals erfaren, dass sie sich auch auf die annalistische Tätigkeit erstreckt hat. Aber müssen wir denn überhaupt jenen literarischen Kreis, in dem jene Anregung vorzugsweise fruchtbar geworden, als die eventuelle Geburtsstätte des fraglichen officiellen Annalenwerkes betrachten? Ich glaube es nicht. Wenn die Mitglieder jener „Akademie" sich mit historischen Stoffen zu beschäftigen gedrungen fülten, so taten sie dies wie Angilbert in epischer, oder wie Einhard in kunstvoll biographischer Form. Die trockenen, farblosen Annalen, um die es sich in unserer Untersuchung handelt, sind keinenfalls aus jenem Kreise hervorgegangen; sie waren vermutlich Sache der Kanzlei; zu ihrer Entstehung bedurfte es auch keiner besondern literarischen Anregung; ist ja doch sogar die Sprache in den älteren Teilen noch äusserst roh! Die Existenz von officiellen Annalen darf auch gar nicht als Folge einer besonderen schöpferischen Massregel

Karls des Grossen angesehen werden; vielmehr ist bekannt,
dass sowol vor der Regierung Karls unter Pipin[1]), als
auch nach derselben unter Ludwig[2]) und dessen Nachfolgern, mindestens den westfränkischen, am Hofe Annalen
geführt worden sind; warum sollte dies also nur zur Zeit
Karls des Grossen nicht geschehen sein! Freilich, eine
Lücke wäre nach dem jetzigen Stande unserer Kenntnisse
doch nicht auszufüllen, da ja die Ann. Laur. maj. in ihren
früheren Abschnitten nicht gleichzeitig mit den Ereignissen
niedergeschrieben sind! Hier würde indess die glücklichste
Ergänzung eintreten, wenn sich die Behauptung G. Arnolds
bezüglich der einstigen Existenz jetzt verlorener Hofanna-
len, die mit dem Jare 771 begonnen hätten, bei fernerer
Untersuchung bewahrheiten sollte. Doch liegt ein Eingehen auf diese complicirte Frage meiner Untersuchung
fern.

Als Schlussresultat derselben glaube ich die Behauptung aussprechen zu dürfen, dass, so wenig auch ein entschiedenes und abschliessendes Urteil in der gesammten
Streitfrage gefällt werden kann, dennoch bis auf Weiteres
die historische Forschung die grossen Karolingischen Annalen nicht nur in einzelnen Teilen, sondern in ihrem vollen Umfange als ein Erzeugniss officieller Geschichtschreibung zu beurteilen und demgemäss kritisch zu verwerten
hat. Unerledigt ist hiebei die Frage nach dem Ursprung
der Umarbeitung eines umfangreichen Teiles jener Annalen, nämlich der Jaresberichte 741—801 geblieben. Dass
dieselbe von einem literarisch und politisch sehr gut un-
terrichteten Verfasser und somit sicherlich aus Hofkrei-
sen stammt, ist unzweifelhaft; dass sie jedoch in officiellem

[1]) Die Einwendungen, die Hahn gegen die Autorschaft Childe-
brands und Nibelungs geltend macht (Archiv XI, 805), beziehen sich
nur auf die Persönlichkeit des Verfassers jener Annalen, nicht auf
ihre höfische Entstehung.

[2]) Nach der bekannten Stelle des Smaragdus, die in den Worten
„consuetudinem hactenus regibus usitatem" doch einen sicheren historischen Kern enthält.

Auftrage abgefasst sei, möchte ich nicht behaupten, da
sie trotz der ungemessenen Verehrung, welche sie der
Person des Kaisers durchgängig zollt, dennoch an meh-
reren der von uns oben besprochenen Stellen historische
Tatsachen, die in der älteren Redaction verschwiegen oder
doch beschönigt waren, nachzutragen oder ins rechte Licht
zu stellen gewagt hat.

Druckfehlerverzeichniss.

					lies		statt
Seite	14	Zeile 6 von oben			Leo's		Leo
„	14	Anmerkung 2		„	Theophanes	„	Theophanos
„	18	„	6	„	petendam	„	petendem
„	28	Zeile 7 von oben		„	Ἅγια	„	Ἄγια
„	30	„	6	„	„	„ gaben	„	geben
„	32	„	5	„	„	„ ebenso	„	ebeso
„	32	„	2	„ unten	„ unmittelbar	„	unmittetbar
„	51	Anm. Z. 4 von oben		„	illorum	„	illarum
„	55	„	1		„	Βενετικοὶ	„	Βενετικοῖ.

Inhaltsverzeichniss.

pag.

Vorbemerkung 1

Uebersicht der Quellen und Literatur . . . . . 2— 6

Darstellung der Beziehungen des fränkisch-italischen Reiches
zum byzantinischen.

I. Bis zur Kaiserkrönung Karls des Grossen (774—800) 7 – 40
   Kampf um Istrien und um Benevent.

II. Bis zum Tode Karls des Grossen (801—814) . . . . 41— 68
    Kampf um Anerkennung der Kaiserwürde, um
    Venetien und Dalmatien.

III. Bis zum Beginn der Alleinherrschaft Basilius I. im
     Oströmischen Reiche (814—867) . . . . 68— 75
     Aufrechterhaltung des durch den Frieden von
     Aachen 812 geschaffenen Zustandes.

IV. Bis zum Ausgang des Karolingischen Kaisertums
    (867—887) . . . . 76— 90
    Verlust der durch Karl den Grossen gemachten
    Errungenschaften an Basilius I. den Ma-
    cedonier.

Excurs. Ueber den officiellen oder privaten Ursprung
der von Pertz als Annales Laurissenses maj.
und Ann. Einhardi bezeichneten Annalen . . 91—103

Druck der Univers.-Buchdruckerei von E. A. Huth, Göttingen.

www.ingramcontent.com/pod-product-compliance
Lightning Source LLC
Chambersburg PA
CBHW030545270326
41927CB00008B/1522